新时代
讲给
少年听

新时代讲给少年听

王炳林◎主编

美丽的中国

李　娟◎编著

中原出版传媒集团
中原传媒股份公司

大象出版社
·郑州·

前言

党的十八大以来，中国特色社会主义进入了新时代，这是我国发展新的历史方位。新时代取得新成就，新时代展现新面貌，新时代涌现新典型，新时代产生新故事。

为帮助当代青少年读懂新时代，我们以“小切口”阐述“大主题”，重点选择反映党的十八大以来，广大党员干部和各族人民群众在以习近平同志为核心的党中央领导下不懈奋斗、取得辉煌成就的典型案例和鲜活故事，以点带面，总结分析，分门别类编成八卷本丛书，依次为《飘扬的党旗》《美丽的中国》《大国的担当》《人民的江山》《创新的力量》《飞扬的梦想》《共同的富裕》《文化的自信》。每卷独立成书，连贯起来又构成一个整体，全景式、系统化展现新时代党和国家事业取得的历史性成就、发生的历史性变革。

在叙述方式和语言风格方面，我们努力贴近新时代青少年的阅读习惯、接受特点，以青少年喜闻乐见的新方式、新表达进行语言“编码”，用通俗易懂的文字和形象生动的图片，讲清来龙去脉，剖析前因后果，让青少年读起来犹如身临其境，以见证者和参与者的身份感受新时代的脉搏与荣光。

我们深知，一部好的作品既要告诉读者已发生的事实，更要告诉读者事实发生的背后原因，因此，我们在书中设计了相关栏目，融入了党的二十大精神、习近平总书记相关重要论述等内容，阐释了党的十八大以来我们面对种种风险挑战乃至惊涛骇浪，之所以能解决许多长期想解决而没有解决的难题，办成许多过去想办而没有办成的大事，根本在于习近平新时代中国特色社会主义思想的科学指引，在于以习近平同志为核心的党中央的坚强领导，有助于青少年更加深刻领悟“两个确立”的决定性意义。我们力图使新时代故事既有温度又有高度，有助于青少年从新时代的伟大变革中启迪智慧、砥砺品德，收获关于青春价值和人生方向的更多思考。

青少年朋友们，你们生逢盛世，新时代为你们开启了无限广阔的发展前景，搭建了人生奋斗的出彩舞台。习近平总书记这样寄语：“希望广大青年用脚步丈量祖国大地，用眼睛发现中国精神，用耳朵倾听人民呼声，用内心感应时代脉搏，把对祖国血浓于水、与人民同呼吸共命运的情感贯穿学业全过程、融汇在事业追求中。”希望这套丛书能够成为你们在青春赛道上奋力奔跑的一份精神食粮，激励你们在新征程上自觉将爱国之情、报国之志与精进学业、锐意创新相结合，用实干诠释新时代青年的责任与担当。我们相信，实现第二个百年奋斗目标新的赶考之路，你们定能写下不负党和人民的精彩答卷！

2023 年 8 月 20 日

目录

5 山水林田湖草沙是生命共同体 / 097

6 像保护眼睛一样保护生态环境 / 119

习近平总书记在党的二十大报告中指出：“大自然是人类赖以生存发展的基本条件。”纵观人类文明发展史，四大文明古国都诞生于生态良好的区域，黄河是华夏文明的摇篮，古埃及文明是“尼罗河的赠礼”，古巴比伦文明起源于两河流域，印度河流域哺育滋养了悠远的印度文明。

人类史上昙花一现的文明也多是因为生态环境遭受严重破坏，使人类失去了赖以生存的家园，从而导致文明的衰落和灭亡。比如，雄壮辉煌的古巴比伦文明像泥足的巨人一般，在经历了1500年的沧桑历程后，于公元前4世纪彻底坍塌，只留下大片的荒漠和盐碱地。此时，我们的耳边回响起一位哲人的警示：当人类砍倒第一棵树时，文明宣告开始；当人类砍倒最后一棵树时，文明宣告结束。

生态兴
则文明兴

01 >>> 黄河流域孕育华夏文明

同学们从课本中已经知道，黄河流域是中华文明的发源地，所以我们中国人把黄河称作“母亲河”。那么，有没有同学进一步想想，在中国如此多的河流中，为什么是黄河孕育了最早的华夏文明，而不是其他河流呢？其实，这与黄河当时有较为适宜的气候和肥沃的土壤等自然条件密切相关。

■ 黄河乾坤湾美如画卷

◎●◎ 大自然的慷慨赠予

现在，我们看到的黄河流域，部分地区干旱少雨，但在距今8000年前到距今3000年前左右，黄河流域基本上都是处在温暖湿润的气候中，没有极热、极寒的天气。这样的气候条件不仅舒适宜居，还为人类提供了丰富的食物来源。因为温暖湿润的气候非常适合树木生长，茂密的森林就为早期人类的狩猎采集活动提供了得天独厚的条件。比如，采摘甜果子，猎杀禽兽甚至捕捉大蜗牛等当作食物，还能吃到各式各样的鱼类。这样，因为得到足够的食物和丰富的营养，人类的体质强壮起来，大脑也逐渐发达起来。

人类的生存发展不仅要吃得饱，还要住得安全。黄土高原地区土层厚达100～200米，黄土直立性强，不容易坍塌，易于开凿洞穴，可以为原始人类提供遮风挡雨、躲避野兽侵袭的理想居所。所以，我们的祖先就把这里作为长久的栖身之地。现在的陕西仍然存有许多窑洞和天井窑院，就是我们的祖先流传下来的民居方式。

◎●◎ 农业文明的奠基

黄河两岸的泥土由细小的粉砂和黏土重叠组成，非常疏松，很容易开垦，而且富含多种矿物质，土壤肥力强，适宜农作物生长，种子撒播下去就能有好的收成；黄河流域发达的水系还为早期农业灌溉提供了便利，这为农耕文明的起源创造了条件。

在长期的农业实践中，先民们不断改进生产工具，提高农业技术水平，从新石器时代的石磨棒、石磨盘，到夏商周时期的刀、镰，再到战国时期的铁犁、牛耕等，农业技术取得了突破性进展。同时，人们还在观察自然现象中，总结出春种、夏长、秋收、冬藏的周期性变化，使萌芽的黄河文明逐渐发展成为一种成熟的高度发达的农业文明。比如，我们的祖先依据太阳运行情况制定的指导农业生产的“二十四节气”沿用至今；古人禁止捕捉幼小的野兽和盗取鸟蛋，不准在春天砍伐树木等朴素的生态保护思想，为我们今天建设美丽中国提供了重要启示。

◎●◎ 悠久绚烂的艺术成就

黄河流域优越的生态环境不仅繁育和养活了众多的人

口，为中华民族延续至今提供了先天条件，也孕育了绚丽多彩的文化艺术。人类在满足基本的生存需要后，就开始追求精神生活。黄河流域的先民在闲暇之余，用自己的想象力和双手为生活增添乐趣。他们在岩壁和陶器上镌刻出千姿百态的图画，有飞禽和其他动物，也有人类狩猎、乘骑、放牧、舞蹈的场景，还有象征天体崇拜的日月星辰等的大量符号和标记。最能代表当时艺术水平的莫过于绘在陶器上的彩色画面，以陕西西安半坡遗址出土的人面鱼纹彩陶盆最为典型。

再比如，他们采用猛禽的骨头，截去两端关节再钻孔，制作乐器，用淳朴的原始音乐和舞蹈表达内心深处的情感。1973年，在青海的一个古墓中，发掘出了一只“舞蹈纹”彩陶盆，距今已有5000多年历史。陶盆的内壁绘着三组舞蹈图，每组5人，舞者服饰划一，动作一致，手拉着手，形成

人面鱼纹彩陶盆

“舞蹈纹”彩陶盆

圆圈，这说明黄河流域在早期就出现了舞蹈艺术。

◎●◎ 熔铸鲜明的民族品格

黄河也是凶猛的，洪水泛滥给中华大地带来了不少灾难。与黄河灾害斗争的过程，铸就了中华儿女自强不息、蓬勃奋进的品格，培养了“家是小国，国是大家”的家国情怀。我们都知道的大禹治水三过家门而不入的故事被后人世代传颂，还被写入了小学课本，这种公而忘私的奉献精神深深打动和感染着同学们。

单打独斗显然无法对抗洪水，部落之间选择了联合起来共同抵御灾害，并推选出一个协调各方的总指挥，这些联合起来的部落成为国家的雏形，协调治水的管理机构则成为权力中心。这就是中国多个朝代的首都均选择于黄河流域的原因，由夏至北宋，尽管朝代更迭，但是政治中心始终没有迁出黄河流域，历代王朝主要建都于黄河多次泛滥的河南和陕西地区。

岁月悠悠，黄河深情地哺育着中华民族，深刻地塑造着民族精神，中华民族的形成史就是一部人类与黄河的关系史。尊重黄河，爱护黄河，是我们每个中华儿女的责任和义黄河流域是我国重要的生态安全屏障，也是人口活动和经济发展的重要区域，在国家发展大局和社会主义现代化建设全局中具有举足轻重的战略地位。要坚持上下游、干支流、左右岸统筹谋划，共同抓好大保护，协同推进大治理，促进全流域高质量发展，改善人民群众生活，保护传承弘扬黄河文化，让黄河成为造福人民的幸福河。

务，正如毛泽东主席所说：“黄河是中华民族的摇篮，可以藐视一切，但不能藐视黄河。藐视黄河，就是藐视我们这个民族。”

02 >>> 长江流域上的中华文明

长江经济带覆盖11个省市自治区，横跨我国东中西三大板块，人口规模和经济总量占据全国“半壁江山”。长江安澜关系国家发展，关乎人民幸福。涉及长江的一切经济活动都要以不破坏生态环境为前提，共抓大保护，不搞大开发。习近平总书记强调：“绝不容许长江生态环境在我们这一代人手上继续恶化下去，一定要给子孙后代留下一条清洁美丽的万里长江！”

长江是我国第一大河，与黄河一道，共同塑造了中华文明早期阶段的多彩场景。如同黄河流域孕育古华夏文明一样，长江流域的千年文脉也与自然环境提供的先决条件息息相关。那么，长江流域的自然优势在哪里呢？

◎●◎ 特殊的北纬30°线

横贯北纬30°线是长江流域的一大特色，这里兼具充沛的淡水与丰富的热能，气候温和，土壤肥沃，水网密布，雨量丰沛。世界上与长江流域同纬度的，还有尼罗河流域、两河流域和印度河流域。我们知道，后者是其他三个文明古国的发源地，所以，北纬30°线是当之无愧的“人类文明发生线”。

长江流域的自然条件适合种植水稻，这里是世界稻作农业的摇篮。与黄河流域的粟、黍等作物相比，水稻具有产量高、口感好的优势，但是水稻种植对生产设施要求较高，比如要有稳定的水源，需要挖掘、修筑水渠，建设平整的稻田，等等。

■ 长江

在长江流域，我们的祖先制作石犁、石镰、破土器、耕田器等农具，建设大面积平整的田地，修建用于泄洪和灌溉的水利工程。随着人类生产工具的改进和生产水平的提高，长江流域的人口逐渐繁荣，文明日益发展起来。比如，战国

时期秦国蜀郡郡守李冰主持修建的都江堰，把岷江水引入成都，滋润了成都平原，百姓们纷纷开挖大小河道，使用岷江江水灌溉农田，使成都成为沃野千里的“天府之国”。2000多年来，都江堰一直发挥着防洪、灌溉的作用，至今灌溉面

■ 都江堰水利工程

积超千万亩。

◎●◎ 多姿多彩的长江文明

由于黄河流域的人们遭遇周边游牧民族的侵袭，大量人口从黄河流域南迁至长江流域。魏晋以后，特别是中唐以降，中国的经济文化重心逐步南移，长江流域在农业、手工业、文化、艺术、人才教育等诸多方面逐步迎来了辉煌，为中华文明做出了“长江贡献”。

我们以手工制造业为例。如果有人问中国的丝绸织造业哪里发达，哪里是中国丝绸织造业的中心，绝大多数人都知道是江苏省、浙江省、四川盆地等长江流域以及长江以南的广大地区。1982年，湖北荆州马山一号楚墓发掘出土了一幅“龙凤虎纹绣”，纹样画面中，一只斑斓猛虎四脚生风，尾巴高翘，张牙舞爪，扑向前方的大龙，大龙则作抵御状；图案正中，一只凤鸟头戴花冠，身体蜷曲，脚踏小龙，气质超凡，缓中有威。龙、凤、虎三位一体，构思新奇，形象生动，表现了楚人活泼大胆的想象力和独具一格的创造力。

今天，苏杭地区的丝绸名扬世界，多次成为重要外事活

■ 马山一号楚墓出土的龙凤虎纹绣

动中的“国礼”。比如，在2016年G20杭州峰会的会场上，人们惊喜地看见国际货币基金组织总裁拉加德，这位来自世界时尚之都法国巴黎的女性领导人，佩戴了一条优雅的蓝绿色丝巾，上面还印有名声远播的西湖十景之一“三潭印月”。这条丝巾正是用杭州丝绸制作而成的，它还有一个非常好听的名字——“丝水柔情”。在2016年的G20杭州峰会上，不仅有杭州丝绸制作的精美丝巾作为纪念品，就连宴会请柬、席签、菜单、晚会节目单、嘉宾礼包、礼宾服装、住所用品等，也都有丝绸元素的体现。

◎●◎ 对外文化交流的高地

千百年来，长江流域得地利之便，开展对外文化交流，融会中西，八面来风。

明代初期，郑和七次奉命出使西洋，更将长江文化交流和海外贸易推向了高峰。七次出使，郑和船队都是从苏州刘家港（今江苏太仓东浏河镇）起航，并将江西景德镇的瓷器、苏州的丝织品和松江的棉纺织品等精美的物品带到了亚非30多个国家和地区。郑和下西洋不仅加强了以长江文明为代表的中华文明的海外传播，还带回了许许多多海外文明的精华，使长江流域的社会经济得到了快速发展。

江水不止，文脉不息。在历史的长河中，长江以其无与伦比的能量，释放出文明星空未曾消逝的曙光。进入新时代，长江流域作为连接“丝绸之路经济带”和“21世纪海上丝绸之路”的重要纽带，也站在了新的历史起点上，在复兴中国梦的伟大征途中，古老的长江和长江文明将继续谱写新的长江乐章，为中华文明不断注入生机和活力。

03 被沙漠埋葬的楼兰古城

楼兰，古代西域的一个国家，东起古阳关附近，西至尼雅古城，南至阿尔金山，北至哈密。楼兰古国因地处古代丝绸之路的中心要道，是往来商队的必经之所，经济富庶，文明发达。公元4世纪左右，楼兰城被废弃，现仅留下遗迹，在中华文明的历史长河中留下了极为绚烂的一笔。

到新疆，对一个探险旅游者来说，有一处地方是充满吸引力的，它就是被称为“沙漠中的庞贝”的神秘古城——楼兰。

同学们听说过楼兰女尸吗？1981年的某一天，我国的一支科考队入驻了楼兰遗址，发现了一具被装在一个船形棺材中的女尸。虽然距离今天已经过去了近4000年，但是她的皮肤纹理依然清晰可见，头发依然乌黑，嘴角还有微笑的弧度，全然没有临死前的痛苦之状，因此，这具女尸又被称为“微笑公主”。楼兰女尸身上穿的是羊皮和粗质毛织物的衣服，脚上则穿着粗线缝制的毛皮靴。楼兰女尸身边陪葬的无数珍贵器具，以及干尸历经数千年依然保存完好的防腐技术，展示了当时精湛的手艺和楼兰经济的繁荣。

◎●◎ 楼兰古城重现人间

1900年3月初，瑞典探险家斯文·赫定沿着干枯的孔雀河左河床来到罗布荒原，在穿越一处沙漠时，才发现他们的铁铲不慎遗失在昨晚的宿营地中。赫定只得让他的助手回去寻找。助手很快找回铁铲，并捡回几件木雕残片。赫定见到残片异常激动，决定发掘这片废墟。

斯文·赫定对这一带开始进行挖掘，发现了一座佛塔和三个殿堂以及带有希腊艺术文化风格的木雕建筑构件、五铢钱等大批文物。随后他们又在这片废墟东南部发现了一座被风沙掩埋的古城，其烽火台一直延续到罗布泊西岸。这里就是楼兰古城。

楼兰古城复原模型

古城平面近正方形，边长在330米左右，几乎全部为流沙所掩埋。城墙用泥土、芦苇、树枝相间夯筑。有一条古运河从西北至东南斜贯全城。城中出土的各种文书，被称作“罗布泊文书”。

尽管从塞外戈壁上的雅丹地貌中难以辨认楼兰城昔日的面目，但科学家从大量资料和考察中发现，楼兰城曾经是丝绸之路上的重镇，辉煌一时。

◎●◎ 揭秘古国消失的真相

楼兰古城的发现被称为20世纪最伟大的考古发现之一。楼兰古国在公元前176年建国，到公元630年却突然神秘地消失了。曾经如此富饶的楼兰文明，为什么突然就消失于历史中了呢？原来的那些古国居民去了哪里呢？是什么原因导致它神秘消失了呢？科学家们提出了多种猜想，有战争说，有瘟疫说。近年来，越来越多科学家研究证明，自然环境变化是楼兰古国灭亡的主要原因。

楼兰古城三间房遗址

楼兰的消失与人为破坏大自然的生态平衡有关系。当年楼兰人为了筑造古城，砍伐掉许多树木和芦苇，由于没有植被的保护，土地沙漠化现象日益严重。同时，与西域其他小国相比，楼兰在当时是兵家必争之地，因为楼兰位于丝绸之路南道的开端处。为了筹备战争，楼兰人也大肆开采木材，植被遭到毁坏，使楼兰古国水源逐渐匮乏。

此外，古楼兰大量垦荒屯田、过度灌溉也是重要原因。古代楼兰曾经有过高度发达的灌溉农业，农田灌溉持续了至少上百年的时间。过量灌溉，排水不畅，引起地下水位上升，把地下的盐分带到地表，在强烈的阳光照射下，水分蒸发，盐分留在地表，使地表土壤中盐分增多，导致古楼兰人无法播种生产，禾苗碱死，迫使居民背井离乡。面对日益增加的人口，为了维持生存，古楼兰人还大量垦荒屯田。在西北地区，薄薄的地表土层下面，是地质时期形成的可能厚达百米的粉沙，这样的土地表层一旦被破坏，愈合起来就非常困难，甚至再无愈合的可能，而只能是“口子”越开越大，古城最终淹没于滚滚流沙之中。

如今，残存于楼兰古城城内的主要房子依然保存完好，除房顶不翼而飞外，别的部位，比如门、窗，历历可辨。古城内，盖房用的木梁、檩条、椽子也比比皆是。楼兰国的文物及遗址，见证了当年丝绸之路客商聚集、商贾往来的繁华。这些遗迹仿佛穿越了时空，诉说着昔日的辉煌，讲述着黄沙大漠中的故事，也留给人们无尽的思索与觅求，警示我们深刻反思人与自然的关系，牢固树立尊重自然、顺应自然、保护自然的生态文明观念。

习近平总书记在党的二十大报告中指出：“必须牢固树立和践行绿水青山就是金山银山的理念，站在人与自然和谐共生的高度谋划发展。”发展是硬道理，但绝不能以破坏生态环境为代价。

绿水青山既是自然财富、生态财富，又是社会财富、经济财富，保护生态环境就是保护自然价值和增值自然资本，就是保护经济社会发展的潜力和后劲。绿水青山就是金山银山。当然，金山银山，不是等来的，也不是守来的，必须开动脑筋从绿水青山中变出来。党的十八大以来，我们不断探索把“绿水青山”转化为“金山银山”的路径，把自然生态优势转化为经济社会发展优势，实现了生态环境保护和经济发展的“双丰收”。

2

绿水青山就是金山银山

01 >>> 安吉的“绿色协奏曲”

在浙江，有一座人口不足60万的县城，地处于大山之中，却屡屡迎来外国政要和使节，甚至联合国官员也亲自前去考察。它就是安吉县。一个浙江山区小县，为何能吸引全球的目光？

走进浙江安吉，只见延绵不绝的竹海，漫山遍野的树林，清澈的溪流，一座座小院错落有致，家家花草繁盛，户

■ 安吉余村，风景如画

安吉县，隶属于浙江省湖州市。2005年8月，时任浙江省委书记习近平在安吉余村首次提出了“绿水青山就是金山银山”的科学论断。在“两山论”的指引下，安吉县实现了从“靠山吃山”向“养山富山”的转变，使良好的生态环境成为人民生活的增长点和经济社会持续健康发展的支撑点，走出了一条生产发展、生活富裕、生态良好的文明发展道路。

户绿树成荫，宛若一幅唯美飘逸的山水画卷，熙熙攘攘的游客穿行其间，感受着生态旅游的别样趣味。可是，你能想象20年前，这里是山体遭到破坏，长年烟尘漫天，河水污浊不堪的景象吗？那么，安吉是如何实现华丽转身的呢？

◎●◎“两山”理念带来新希望

2005年8月15日，时任浙江省委书记习近平到浙江省安吉县一个叫余村的小村庄考察新农村建设情况。余村，曾是全县闻名的“脱贫致富村”，靠开采山里优质的石灰岩，村集体收入早在2000年左右就达百万元。但挖山开矿导致环境污染极其严重，余村长年是空中飞沙走石、河里泥浆遍布的景象，树叶被厚厚的粉尘覆盖，村民平时连窗户都不敢开，极大影响了村民生产生活。1998年，安吉县在国务院开启的太湖治污“零点行动”中被“黄牌警告”，2003年，余村下狠心陆续关停矿山和水泥厂，同时村里的财路也断了，几乎一半以上的村民失业，收入锐减。余村的出路在哪里？

习近平听完村干部的汇报后，语重心长地说：“生态资源是最宝贵的资源，不要以牺牲环境为代价来推动经济增长，这样的经济增长不是发展”“刚才你们讲了，要下决心停掉矿山，这些都是高明之举”“我们过去讲既要绿水青山，又要金山银山，实际上绿水青山就是金山银山”。习近平的一席话给余村人带来了希望，也解决了安吉县的发展困惑。

从2005年起，安吉县深入推进蓝天、碧水、净土、清废

■ 安吉的环境整治四大行动

四大行动，一场场环境整治的攻坚战在全县全行业打响。整治后的安吉被誉为气净、水净、土净的“三净之地”。同时，安吉在城镇建筑规划中，不搞大拆大建，在保留当地古宅、老街、礼堂、民房等古迹、古建筑的同时，又融合了现代的精致，诗意的江南情调呼之欲出。

◎●◎ 从“卖风景”到“卖体验”

随着安吉的环境越来越美，慕名而来的游客络绎不绝，尤其是节假日，不提前预订根本没有空余房间。余村村民赵水根曾是矿场的一名爆破工，每天干着危险的工作，拿到的薪水却谈不上多：“那个时候经济条件差，收入也很低。像我这样搞爆破工作的工资还高一点儿，有36元一天。”眼看着村里的环境越来越好，2015年，赵水根办起了一家农家乐。现在，这家农家乐带给赵水根的年收入达到35万元，和当年相比，已是天壤之别。

依山面水的美景，让城市人得以回归自然，对“长三角”周边乃至世界各地高端度假客源有着强烈的吸引力。近年来，安吉的生态旅游产业不断迭代升级，知名酒店纷纷入驻，安吉这个山区县竟然汇聚了10余个国际知名酒店品牌。2021年，安吉共接待游客2671万人次，旅游收入超365亿元。

与此同时，安吉的休闲产业也从单纯的自然观光，发展为河道漂流、户外拓展、果蔬采摘等综合业态。村民胡加兴见村里溪水变得清澈，于2008年回乡办起了漂流项目，短短几个月便吸引了1万多名游客前来体验。如今，每年前来漂流的游客更是多达6万人次。他还要朝着创建5A级旅游景区的目标去努力。

如今，安吉县村村都各具特色，银坑村有影视资源，马吉村有红色资源，横路村水资源丰富，山河村公共配套服务

■ 绿水青山就是金山银山

■ 安吉度假酒店

齐全，“小胡的咖啡老胡的酒”“春林的山庄”“鲍家的学堂”，一条条乡愁街见证着安吉将“绿水青山”神奇地变为“金山银山”。

◎●◎“绿富美”之路越走越宽

随着生态建设成果的不断显现，一项项分量十足的荣誉纷至沓来。这几年，安吉先后获评全国首个气候生态县、国家可持续发展实验区、首批中国生态文明奖等几十项荣誉称号，还是我国首个获得联合国人居奖的县级城市。2021年12月，安吉余村从来自75个国家的170个乡村中脱颖而出，再次获得一项世界级荣誉——首届联合国世界旅游组织“最佳旅游乡村”！

2022年，安吉又在绿水青山上做出了新文章。他们开始卖空气。对，你没有听错，空气也能换钱。安吉被誉为“中国第一竹乡”，拥有竹林面积100多万亩，竹林通过光合作用吸收大气中的二氧化碳，并将二氧化碳固定在植被和土壤中，从而减小温室气体在大气中的浓度，达成了碳减排的指标。之后，通过相关流程，安吉人把“新鲜空气”卖给需要的企业，换来真金白银，这个过程叫“碳汇交易”。据估算，全县竹林碳汇每年至少可以产生1500万元收益，每年只要把竹林养好、管好，“竹叶子”就能变成“钱票子”。

■ 碳汇交易示意图

“绿水青山”给安吉带来了看得见、摸得着的实惠，如今，守护绿水青山已经成为每一个安吉人的自觉行动，他们像保护眼睛一样保护生态环境，像对待生命一样对待生态环境。以“绿色”为动力，安吉正在共同富裕的大道上加速奔跑！

02 京杭大运河：书写黄金经济带的新故事

京杭大运河是古代中国的水陆枢纽和军事要塞，开凿于春秋时期，完成于隋元，繁荣于唐宋，疏通于明清，是世界上里程最长、工程最大的古代运河。新时代以来，我国积极谋划推进大运河文化带建设，在生态治理、环境保护、通航蓄水、遗产保护、民俗发掘等领域持续发力，推动了古老运河焕发生机，造福我们的未来。

同学们在历史课本上一定了解过京杭大运河。它的部分河段始建于公元前5世纪，距今已有2500多年的历史。京杭大运河，顾名思义，就是从北京到杭州之间的运河，全长1747千米，贯通海河、黄河、淮河、长江、钱塘江五大水

京杭大运河途经城市

系，是世界上开凿最早、规模最大、里程最长的人工运河，长度是苏伊士运河的9倍、巴拿马运河的22倍，被国际工业遗产保护委员会列为最具影响力的水道。

京杭大运河展示了我国古代航运技术的卓越成就，留下了丰富的历史文化遗存，在运河两岸孕育出一座座积淀深厚的名城古镇。但是，晚清以来，因铁路和海运交通的兴起，漕运活动渐趋衰落，再加上北方地区旱情日益严重，自山东向北的运河段航运基本停止。直到最近几年，被阻断长达百年的京杭大运河才全身“复活”，再次焕发勃勃生机。

◎●◎ 大运河是如何“活起来”的

从2022年开始，水利部组织开展京杭大运河全线贯通补水工作。北京、天津、河北、山东等地对河道进行集中清淤、补水和绿化，并改造运河沿线的桥梁、道路等设施。例如，北京通州区将河道由90米拓宽至200米，平均挖深0.5米，建设了日处理能力达10万吨的污水处理厂，提升了运河的水质。

2022年4月28日10时是一个历史性的时刻。位于山东德州

■ 京杭大运河微山湖段，航运往来繁忙

的四女寺枢纽开闸放水，汩汩清水奔涌北上，200千米外，位于天津静海区的九宣闸枢纽同时开启闸门，在长江、黄河的助力下，再加上本地水、再生水、雨水，五路水源集中向京杭大运河黄河以北段707千米进行补水。在“喝下”相当于37个西湖的补水量后，京杭大运河实现百年来首次全线通水！

京杭大运河的复苏显著改善了沿线北方地区的生态环境。据监测，补水河道周边5千米范围内的地下水位呈回升的态势，平均回升了1.33米，土地“解渴”了，滋润了，也灵动了。大量水鸟到此栖息聚集，如曾经干枯、萧条的大运河通州段，现在远远就能听到鸟语欢声，每年有超过20万只次候鸟在此栖息或过境，其中还有大天鹅、东方白鹳、青头潜鸭、震旦鸦雀、黑鹳等“稀客”。

◎●◎ 微山湖里航运忙

京杭大运河全线贯通后，北方的航运业再度辉煌。我们就以闻名全国的“铁道游击队的故乡”微山湖为例吧。

微山湖，总面积1266平方千米，是我国北方第一大淡水湖，也是京杭大运河的必经水道。如今，微山县夏镇西港码头呈现出一派繁忙的景象：几十艘船只停泊在码头，铲车、输送带正在不停地往船上装货，远处的航道上，运输船只穿梭往来，仿佛一条“水上高速公路”。

目前，微山县有各类船舶8600多艘，船运业年营运收入达12亿元，被评为中国国家生态文明建设示范区、中国产业发展能力百强县。

◎●◎ 旅游产业大放异彩

隋朝开始大规模修建京杭大运河，主要是为了航运，也有传说是隋炀帝为了方便下江南游玩，才开凿了这条河。不管怎样，今天，京杭大运河已成为人们游山玩水的热门路线，现在就带你去玩转运河旅游吧！

暖风轻，麦浪香，粮画小镇姑娘忙……坐落于运河之畔的河北省馆陶县寿东村以“粮食画”闻名。粮食画就是把各类植物种子和五谷杂粮，通过粘、贴、拼、雕等手段，形成山水、人物、花鸟、卡通或抽象的形象，全村有120余人从事粮食画制作。他们借助大运河文化带建设的契机，发展集餐饮、民俗、粮画等于一体的乡村旅游项目，村民年均收入显著增加。寿东村也从原来的省级贫困村一举蜕变为“中国十大最美乡村”之一，成为华北平原上首个以美丽乡村为

■ “粮画小镇”村民用粮食作画助农致富

载体的国家4A级旅游景区。

在无锡，运河全线实景演出节目《运河四季》运用歌舞、音画、戏曲、情景剧以及灯光秀等多种艺术手段，带着人们从现代的江南穿越回传统水巷，再回归当下，打造出一场行如水间、游于画中的梦幻意境。截至2021年11月，《运河四季》场场爆满，累计接待游客超200多万人次，平均上座率达85%，成为大运河沿岸名副其实的“网红打卡”节目。

千百年来，京杭大运河见证了沿岸城市的成长与变迁，形成一条流金淌银的黄金水道。如今，它又如一台“孵化器”，日夜扶持着一家家企业、一个个项目、一座座村庄，成为新时代“绿水青山就是金山银山”理念的生动脚注。

03 >>> 塞罕坝：高寒荒原上的绿色奇迹

塞罕坝位于内蒙古与河北交界处。1962年建场以来，一代代塞罕坝人践行为首都阻沙源、为京津涵水源的政治使命，在“黄沙遮天日，飞鸟无栖树”的荒漠地上，建成了世界上面积最大的人工林，打造了守卫京津的重要生态屏障，创造了荒原变林海的人间奇迹，铸就了牢记使命、艰苦创业、绿色发展的塞罕坝精神。

在内蒙古和河北的交界之处，有一个地方叫塞罕坝。塞罕坝是“美丽的高岭”的意思，这里曾是水草丰沛、森林茂密、禽兽繁集的天然名苑，是清朝皇帝的狩猎之所。后来由于过度采伐，土地日渐贫瘠。在中华人民共和国成立初期，塞罕坝已变成人迹罕至、寸草不生的荒漠。风一起，漫天的黄沙就奔着北京吹去。今天的塞罕坝，已成为世界上最大的人工林海，被誉为“水的源头、云的故乡、花的世界、林的海洋、珍奇异兽的天堂”。塞罕坝经历了怎样的沧桑巨变？让我们穿越厚重的历史，去了解和感受这个奇迹吧！

◎●◎ 筚路蓝缕造山林

1962年，为改变“风沙紧逼北京城”的严峻形势，林业部建立了塞罕坝机械林场。来自全国的127名大中专毕业生奔赴塞罕坝，与当地林场242名干部职工一起，组成了一支平均年龄不足24岁的创业队伍，开始了战天斗地的拓荒之路。

在荒凉了近半个世纪的塞罕坝植树造林谈何容易！最低气温零下43.3℃，年平均温度零下1.3℃，高寒高海拔地区造林经验几乎为零……林场第一批建设者曾回忆：“当时到处是沙地和光山秃岭，风卷着沙粒、雪粒遮天盖日，打到脸上像刀割一样疼。”“那时，我们喝的是雪水、雨水、沟塘子里的水，吃的是黑莜面窝头、土豆和咸菜。”“春天，坝上雨水少，风沙多，汗水顺着脸往下淌，一天下来都成了泥人。最难的就是冰天雪地的严冬，滴水成冰，寒风刺骨，每

塞罕坝机械林场航拍图

天巡山几十千米，晚上归来棉衣变成了冰甲，棉鞋冻成了冰鞋，走起路来哗哗响。”

因缺乏在高寒地区造林的经验，刚开始造林时，100棵树苗最多成活六七棵。一次又一次造林失败，逐渐动摇了不少人的信心。“山上能自然生长落叶松，我就不信机械造林不活！”时任林场第一任党委书记的王尚海下了狠心，带领职工在距离林场办公区不远的马蹄坑开展了一场“马蹄坑大会战”。他们连续多日吃住在山上，徒步到各山沟考察，看地形、看植被、找经验。艰苦付出终换来回报：这次“会战”共栽植落叶松516亩，成活率达90%以上。王尚海激动地跪在山坡上，泪流满面。

创业历程总是充满坎坷。1977年，林场遭遇了严重的“雨凇”灾害，20万亩树木一夜之间被压弯、压折，林场10多年的劳动成果损失过半。1980年，林场又遭遇了百年不遇的大旱，有12万多亩树木被旱死。连番的天灾并没有把塞罕坝人击垮，大家含着眼泪清理完受害林木，重整旗鼓。凭着顽强的毅力，从1962年至1982年的20年间，林场超额完成造

20 年间，塞罕坝“美丽高岭”重现生机

林任务，在这片沙地荒原上共造林96万亩，总计3.2亿余株，按株距1米计算，可绕地球8圈。塞罕坝“美丽的高岭”重现生机！

◎●◎ 精心呵护“绿色银行”

造林不易，护林更难。塞罕坝风大物燥，森林连片分布，一个小小的火苗就能造成“火烧连营”之势，将塞罕坝人几十年的努力成果付之一炬。防火，成为林场工作的重中之重。

尽管林场配备了先进的火情监测系统，但依然需要人工实时辅助观测。在塞罕坝，有一座小楼房，是用来瞭望火情的，名叫“望海楼”，这里只有夫妻二人看守。其实，它最初名为“望火楼”，因森林忌火，而且远远望去，林场仿若一片林海，所以改名“望海楼”。

刘军和妻子齐淑艳自2006年起在“望海楼”扎下根来，成为防火瞭望员，吃住、工作都在这里。白天，每15分钟就得拿望远镜，向四面八方瞭望一次；夜晚也不能中断，每小时需要瞭望一次。每次瞭望结束，都要在记录本上记下情况，比如天气、风力、是否发现火情等。一旦有情况，就马上通知总部。日复一日的积累，让夫妻俩都练就了一双“火眼金睛”。刘军说：“如果林子冒烟了，我从烟的颜色就能分辨出是什么着了。白色的是草，黑色的是树。一有火情，我们立马就向林场汇报。”

夫妇俩对林子的感情越深，责任心越重。“有时候做梦都梦见这片林子。梦到发现着火点了，我一惊，赶紧从床上跳下来，嘭嘭嘭跑上楼，望了好几圈，发现没有，又回来继续睡。”齐淑艳说。

塞罕坝林场的守护者们

建场以来，共有超过20对夫妻守过“望海楼”。他们认真负责、忠于使命的态度，创造了塞罕坝建场60年来无森林火灾、有虫不成灾的护林奇迹。

◎●◎ 向绿深行

由于多年不断拓荒造林，林场所辖范围内能种树的地块越来越少。2015年以来，塞罕坝人开展造林盲区全清零行动，向更干旱区域、更高海拔地区发起挑战。这些地方大多岩石裸露，土层只有几厘米，最大坡度达到46°，相当于“在青石板上种树”。坡陡、石硬、路不通，机械无法作业，就用骡子驮或人背。靠着塞罕坝人的拼劲和韧劲，塞罕坝在石质山坡上攻坚造林10.1万亩，造林成活率达到98%。塞罕坝“沙地变林海，荒原成绿洲”的生态样本，获得了2017年联合国环保最高荣誉——“地球卫士奖”，成为全球环境治理的“中国榜样”。

如今，塞罕坝的森林覆盖率高达80%，112万亩的林海每年可涵养水源1.37亿立方米，空气负氧离子是城市的8～10

塞罕坝的白桦林

倍，不仅成为京津地区重要的防沙屏障，而且成为全球著名的生态旅游之地。国家“一号风景大道”，东起塞罕坝，是一条类似草原天路的风景线，全长180千米，比草原天路还要多出50千米。这里集聚了森林、草原、湖泊、湿地、山地等多种自然景观，一路走来，天蓝、山绿、水清，美不胜收。

习近平总书记在党的二十大报告中指出：“尊重自然、顺应自然、保护自然，是全面建设社会主义现代化国家的内在要求”，“站在人与自然和谐共生的高度谋划发展”。在地球这颗小小的行星上，不单单有我们人类，而且还居住着其他生命体，有小巧灵动的昆虫、翱翔云端的飞鸟、健步奔驰的走兽、遨游水下的水生生物、挺拔俊俏的植物等，这些生命交融互动，与天空、河流、山川一道，构成了我们多姿多彩、生机盎然的地球家园。在大自然面前，万物平等，保护自然就是造福人类。党的十八大以来，我国树立尊重自然、顺应自然、保护自然的理念，全面打响蓝天、碧水、净土三大保卫战，进一步加强珍稀濒危野生动植物的拯救保护工作，一幅天更蓝、水更清、万物更加蓬勃的美丽画卷在神州大地上徐徐铺展开来。

人与自然和谐共生

01 >>> 哈尼梯田：人文与自然巧妙融合的美丽画卷

哈尼梯田位于云南南部元江流域哈尼族聚居区，遍布红河州元阳、红河、金平、绿春四县。所有的梯田都修筑在山坡上，梯田坡度在15°～75°之间。以一座山坡而论，梯田最高级数超过3000级，这在中外梯田景观中是罕见的。2013年，在第37届世界遗产大会上，红河哈尼梯田文化景观被成功列入《世界遗产名录》，成为中国第45处世界遗产。

哈尼梯田这种独特的亚热带生态农业奇观，据载已有1300多年的历史，从山脚开始，层层累积2000多米，总面积约100万亩，大的田块数亩，小者仅如簸箕，直排云霄，宛如天梯。

那么，这项人类罕见、气势磅礴的文化景观，是谁设计出来的？

美丽巧妙、色彩斑斓的哈尼梯田

◎●◎“四素同构”的精密设计

哈尼梯田是哈尼族人千年来一锄一犁累积的“大地雕刻”。据推断，哈尼梯田的开垦历史可追溯到唐代。哈尼族人从最底层开始挖筑梯田，根据坡度大小，设计梯田的宽窄和长度，从上到下挖土，以脚踩和用锄头背敲打等办法夯实台地。台地经过日晒雨淋、自然沉降，形成稳固的基础后便可灌溉并垒筑田埂。如此逐级向上开垦，便形成长短不一、宽窄不等、层层叠叠、波澜壮阔的梯田。

山高水也长，水从哪里来？哈尼族有句老话叫“有林才有水，有水才有田，有田才有人”。哈尼族一般选择在海拔800～1500米之间建村立寨，村寨上方有茂密的原始森林，森林深处终年云雾缭绕，雾水经森林吸纳，形成涓涓细流，顺着山谷向下流淌，在流经半山腰地段时，人们将其拦腰截断，挖沟引渠，引入村寨，除满足人畜饮用外，又通过条条沟渠将水引到梯田之中，保障梯田的常年用水。余下的水又流入江河之中，炎热的河谷气候将河水蒸发到高空，再次汇集到高山森林之中，重新形成雾水，如此周而复

充满艺术感的哈尼梯田

始，不断循环。

森林、村寨、梯田、水系，这四个要素共同作用，完美地展现了一幅人与自然和谐相处的“山水画”：森林成片长于山头，村寨建在森林下方，森林涵养的水流缓缓流下，穿过村庄滋养着梯田，世世代代的哈尼族人在此繁衍生息。

◎●◎ 遵守自然法则的生产模式

哈尼族在实践活动中总结了一套与自然融合的生产规律，并把这些规律编成《四季生产调》，按季节顺序讲述梯田耕作的程序、技术要领，以及与之相应的天文历法知识、自然物候变化规律、节庆祭典知识和人生礼节规范等，告诉人们在当季要从事打埂、育种、撒秧、插秧、打谷子、入仓等生产活动，千万不要耽误了时间。

《正月的歌》：“正月来到了，山野的鸟兽动起来了：松林鹧鸪飞，草丛鹌鹑叫，山上马鹿跃，山坳草豹叫，山沟野猪闹，崖边麂子跳……”

《六月的歌》：“快扛起锄头，去把田埂铲光滑。铲下杂草沤肥料，老鼠不敢来做窝，害虫不敢来吃秧。杀只小鸡祭谷神，谷神常在秧苗旺。”

《冬月的歌》：“河坝的雾气，像长翅膀一样飞起来了，冷风刮进寨子，翻动房头上的茅草，小鸟缩在墙角不动，树上的落叶满地跑。”

《四季生产调》体系严整，语言生动活泼，每一句歌词都是日常用语，浅显平白，易记易懂，具有广泛的群众基础。因此，哈尼族把梯田的修筑、耕作、经营等技术口口相传。

感兴趣的同学，可以自行去网上搜索，听听这些古老的民族歌谣吧。

◎●◎ 天人合一的生态文化遗产

哈尼族人还在千年的梯田耕作中创造了丰富的传统技艺。刚才我们讲到哈尼人将森林的山泉引到梯田里，那么是如何引水的呢？这里可有大学问。哈尼族人独创了一种很好的分配水资源的办法——刻木分水。他们在山上泉水流向村寨、梯田的关键地点，放置一根大型横木，通过在横木上开凿出大小不一的缺口，使得水流按需求分为大小不一的支流，从而分配到各个区域的梯田中。怎么样，你是不是也佩服哈尼族人祖先的智慧呢？

哈尼族人就地取材制作生活用品

哈尼族人还充分利用当地丰富的生物多样性，就地取材，用稻草作为屋顶的材料，用竹竿做秋千，用竹筒做酒杯，用棕榈纤维做蓑衣，用栗木做器皿，用芭蕉叶做餐具，等等。

哈尼族最著名的生态文化遗产当数歌舞了。如传说白鹇鸟给哈尼族人衔来了谷种，棕扇舞便是纪念白鹇鸟的一种舞蹈。舞时以手扇动小扇，模仿小鸟飞翔的动作。还有一种木雀舞，据说很早以前，有一个姓卢的男孩生了恶疮，百治无效，后来在小鸟的帮助下恢复了健康，故跳木雀舞以纪念。哈尼族各户凡生第一个男孩，村里人就要到当事人家跳木雀舞表示祝贺，一般是4～6个男子手持木雀对舞。这些舞蹈流传至今，都表达了哈尼族人对自然的敬畏和感激。2015年，哈尼族原生态歌舞《哈尼古歌》还远渡重洋，成为意大利米兰世博会中国馆唯一驻场演出节目，惊艳亮相。

如今，哈尼梯田有了越来越多的新时尚：采春茶、捉稻田鱼、特色民族文化表演等，向网友展现哈尼族人日常生活的视频获得大量点赞；不施化肥，用山泉水灌溉，营养价值高的梯田红米、茶叶等农特产品通过电商等方式远销各地；当地人利用哈尼族民俗风情，打造旅游项目，开设农家客栈等，让古老梯田焕发出新的生机，书写着新时代人与自然和谐共生的动人篇章。

02 北京的蓝天白云刷屏朋友圈

最近几年，在北京生活的人都有一个共同的感受：北京的蓝天多了，空气清新了。很多市民在微信朋友圈晒出照片，碧空如洗，白云朵朵，美不胜收，点赞率爆棚。要知道，大概10年前，北京市民还饱受雾霾之苦，计划好的航班因它取消，高速公路被迫关闭，长期见不到太阳的大棚蔬菜收成不好，人们鼻炎、咽炎呼吸道炎症等各种病症频发……那么，北京的好天气到底从何而来呢？

雾霾是特定气候条件与人类活动相互作用的结果。高密度人口的经济及社会活动必然会排放大量细颗粒物（$PM_{2.5}$），一旦排放超过大气循环能力和承载度，细颗粒物浓度将持续积聚，此时如果受静稳天气等影响，极易出现大范围的雾霾。2015年，北京首次启动空气重污染红色预警；经过大气污染治理20年，北京为世界写了一本雾霾治理的“教科书”。

北京蓝

◎●◎ 向$PM_{2.5}$“宣战”

摄影爱好者邹毅家住在北京东三环，每天清晨他都会习惯性地打开窗户，拿着相机朝窗外按下快门。2013年1月27日，窗外灰蒙蒙的场景，定格在他的相机里。一直到第6天，天空才依稀透露些淡蓝，还不到一天，立马又陷入灰黄。

导致雾霾天气的“罪魁祸首”是飘浮在空中的细颗粒物，这些颗粒物直径小于等于2.5微米，比头发丝还细，称

■ 雾霾让人无法正常呼吸

为$PM_{2.5}$。

2013年，北京市正式向$PM_{2.5}$“宣战”。要想治理大气污染，首先就要搞清楚污染物的来源和构成，这个工作叫作源解析。经过两次源解析，发现燃煤、机动车、工业生产位列北京大气污染的前三名。于是，北京市聚焦燃煤污染、工业污染、机动车污染，全面拉开了空气治理的大幕。

◎●◎“煤改电”让群众干净取暖

北京曾是世界上燃煤消费最多的首都，燃煤消费一度占据全市能源消费的75%。煤炭燃烧排放大量烟尘、二氧化硫、氮氧化物，是大气严重污染的重要原因。

刘炳瑞是门头沟区千军台村村民，冬天，村里家家户户烧煤取暖，每家都得储备三四吨煤。附近矿上的好煤块运往全国各地，有的还出口，村民只能开着三蹦子、赶着骡子去小煤窑买碎煤末。煤末又散又松，村民将其掺着黄土一起烧，烧完火，煤灰四散，在屋子里随手一擦，哪儿都是一层灰。

“以前从来不敢在院子里晾衣服，太脏了。”村里各家的烟囱往外呼呼冒着白烟，老远就能闻到一股烧煤味儿。每天早上，刘炳瑞都要早早起床掏灰添火，但屋里的温度总也上不来。

2013年以来，北京逐渐推动中心城区和核心区的老旧平房“煤改电”和取暖“无煤化”，北京市燃煤污染问题基本得到解决。用电取暖后，一个冬天下来，花费跟之前差不多，大概4000元，但是算上政府补贴，比燃煤取暖实惠多了。

◎●◎ 车、油“减排”齐发力

2015年，北京市全面禁行“黄标车”，成为全国第一个解决“黄标车”排放污染问题的城市。“黄标车”是高污染排放车辆的简称，是连“国一”排放标准都未达到的汽油车，或排放标准达不到“国三”的柴油车，因其贴的是黄色标志，因此被称为“黄标车”。2017年，“国一”“国二”轻型汽油车在北京五环内工作日限行；2019年，“国三”柴油货车全域禁行。据测算，淘汰一辆老旧车，每年能减少约83千克污染物排放。于是，北京分阶段制定了老旧车淘汰方案，对报废或转出北京市的“国三”车给予相应补贴，截至2022年4月累计淘汰老旧机动车230余万辆。

防止尾气排放不达标车辆进京只是管控措施之一，提升油品质量才能从源头进行控制。2016年，北京率先执行“国六”油品标准，各项指标达到世界上最严格的水平。同时，鼓励使用新能源车，通过新能源车不限行、公交车换新能源车、加快充电站建设等政策，累计新增新能源车50余万辆。

◎●◎ 企业完成搬迁改造

为了减少工业生产过程中产生的污染物，数百家高污染、高耗能的工业企业陆续迁出北京，其中包括首钢集团和北京焦化厂等。首钢集团是中国最早的钢铁企业之一，位于北京石景山区，曾在我国工业发展史上留下浓墨重彩的一笔。在钢铁市场最鼎盛时期，首钢集团一家的利税额度占到北京市的25%；遍布全国各地的首钢集团职工高峰时达到26万人。尽管首钢集团是工业时代的骄傲，但带来的粉尘污染、噪声污染却十分严重。

首钢集团搬迁后，曾经的厂房、烟囱、冷却塔，没有被一“拆”了之，而是尽可能完整地保留下来，被改造成为极具朋克风的休闲和健身运动场所。2022年元宵节当日，在首钢集团滑雪大跳台“雪飞天”，中国选手苏翊鸣勇夺金牌。运动员腾空“起飞”时，一排“大烟囱”成了画面中独特的背景，惊艳众人，被很多运动员盛赞“气场酷炫”“仿佛置身于虚拟世界或网络游戏中”。

那些仍留在北京的一些工业企业，则按照标准采取了严格的治污措施。如在汽车制造工艺中，使用水溶性油漆以代替传统的溶剂型涂料；在厂区内，用天然气锅炉作为热源，用太阳能电池板发电；等等。如今，北京的工业污染所占比重逐步降低到了12%左右。

2013年以来，北京市如“绣花般”细致地管理，累计完成了300多项大气污染治理措施。2021年，北京市空气质量首次实现全面达标，其中，$PM_{2.5}$下降了63.1%，相当于平均每年下降约7微克/米^3，被联合国环境规划署誉为“北京奇迹”。久久为功的北京空气质量达标之路，也为全球治理大气污染贡献了“北京经验”。

■ “雪飞天”——首钢集团滑雪大跳台

03 北移亚洲象的奇妙之旅

亚洲象是亚洲现存的最大陆生动物，属于国家一级保护动物。在漫长的岁月里，亚洲象曾经遍布于黄河流域至云贵高原的广袤土地上。目前，亚洲象在中国的分布仅限于云南省西部、西南部的少数几个地方。近30年来，在全球亚洲象总量不断减少的形势下，云南野生亚洲象的种群数量出现大幅逆势增长。中国政府与民众携手护象的故事温暖全球，中国持续保护亚洲象的努力也被世界点赞。

同学们，你们见过大象睡觉的样子吗？2021年6月，无人机拍摄到的象群“超萌睡姿”在网络上刷屏：象群基本都是卷着鼻子、蜷着腿，而且朝同一个方向睡觉。3头大象将1

头小象紧紧护在中间，醒来后，小象发现自己被卡在里面动弹不得，几次起身都没成功……

这是一群从西双版纳国家级自然保护区“离家出走”的亚洲象，它们北移行程近500千米，是中国野生大象离开栖息地最远的一次。最终，在中国政府与民众的携手帮助下，“拖家带口”一路北上游玩了近一年半的亚洲象群终于平安回到传统栖息地。

■ 大象的“超萌睡姿”

◎●◎ 大象来了

2021年4月16日，在云南省玉溪市元江县与普洱市墨江县之间的一座山头上，突然出现了17头大象。

亚洲象的栖息地一向都在西双版纳的原始丛林，它们从未来过元江县，虽然此前象群已在上述两县交界处逗留，当地老百姓却是第一次见到野象真容。

最初人们不以为意，迁移是野象正常的生活习性。种群迁移扩散有助于大象寻找新的水源和居所，开展种群间的基因交流。而且，随着我国保护力度的加大，野生亚洲象数量从1978年的150头增加到如今的300头，种群增多也需要新的区域觅食和栖息。

4月24日，两头大象从元江县自行离群回到普洱市，但5月11日，另外15头象却渡过元江，头也不回地继续向北。形势瞬间变得严峻起来，因为元江正好处在亚洲象适宜栖息地和一般栖息地的分界线上，元江以北，虽然部分区域亚洲象也能生存，但到了冬季，降雨减少、气温降低、食物匮乏，极可能危及象群安全。越往北，气温越低、食物越少，越不适宜亚洲象栖息，人们直接接触象群的经验越少，人象冲突的可能性越大。

◎●◎ 全民护象行动

其实，从2020年3月，这群野生亚洲象就在一头母象的带领下，离开“老家”西双版纳国家级自然保护区，北移至普洱市思茅区、宁洱县区域活动了。

■ 北移亚洲象

研究人员监测亚洲象

发现大象从西双版纳栖息地“出走”，云南省森林消防总队立刻派出一支监测小分队，用无人机搭建一双双“千里眼”，实时对象群进行监测预警，随时准备对象群活动范围内的群众进行疏导。在发现亚洲象“势不可当”一路向北后，国家林业和草原局第一时间成立了北移大象处置工作指导组，奔赴云南“督战”。一场“护象行动”就此展开。

工作人员通过地面人员跟踪与无人机监测相结合的方式，对象群实施24小时实时监测。遇到象群休息时，他们就会拉高无人机高度，避免其噪声影响大象，或者干脆保持静默，利用红外望远镜进行人工观测，尽量不打扰象群休息。当遭遇雨天或丛林过于茂盛时，地面监测人员就会携带高倍率监测器材出动，以便更清晰地观测野象身体健康状况。他们一般会和象群保持200米左右的安全距离，但也时常会被象群来个突然袭击。比如，7月30日傍晚，象群突然改变方向，与监测队队员打了个照面，队员们赶紧把车熄火，悄悄在车内拍摄。

民众也积极配合，给大象“让路”。对于象群踩踏作物、偷吃玉米、破坏房屋等行为，村民都表现出了极大的宽容。

听说大象快到村里了，昆明市晋宁区夕阳彝族乡高粱地村49岁的村民唐正芳兴奋得像个孩子，他担心大象吃不饱，主动联系了乡政府，捐出自家种植的玉米投喂大象。

在玉溪，看着被象群吃掉的庄稼，村民表示：大象贪吃点儿没事儿，它想吃就吃。我们的庄稼被吃掉了明年可以再长，大象如果饿坏了就没有了。

在红河，为了不惊扰象群，人们庆祝传统节日时，不搞庆典，不点火祈福，转而通过粘贴吉“象”标语、绘出心中吉“象”等方式表达对亚洲象的关爱。沿途企业在亚洲象经过时，关灯停产，保持静默……凡此种种，不胜枚举。亚洲象北移途中的一幕幕感人情景，呈现出一幅人与野生动物和谐相处的美好画卷。

◎●◎ 象群安全南返

象群越往北移，对人和象的风险越大，因此，帮助象群折返是工作人员的主要任务。工作人员创新性运用线路预判、布控与投食相结合的柔性干预技术，在地上撒水果、玉米、秸秆等食物，并在容器里装满干净的水，引导大象尽量按照规划路线行进，不要穿行工厂和人员密集的村庄。

6月17日21时48分，大象的北移之路终于有了新动向——象群进入玉溪市峨山彝族自治县辖区，在峨山县大龙潭乡附近活动。专家初步判断，象群呈现南返趋势，开始踏上回家的路。

我们刚才说过，大象是渡过元江北移的，那么回家也要再次经过元江。4、5月份，元江干流处于枯水期，象群北移时比较容易渡过，可是，随着7月雨季到来，元江进入丰水期，水流量的剧增，将成为阻碍象群回家的最大问题。

为避免象群渡江可能造成的危险和伤亡，专家对过江点进行多次调查，最终选择让象群从昆磨公路元江入口收费站

北移亚洲象群渡过南溪河，踏上回家之路

附近老213国道老桥桥面渡江。在助迁过程中，调皮的大象无数次偏移人们给它们规划的线路，各部门和沿线地区群众共同努力，在奋战13天12夜后，才引导象群到达渡江点，象群安全跨过元江大桥。

8月12日23时48分，象群由玉溪市元江县曼来镇进入普洱市墨江县境内。至此，这群北迁的亚洲象终于在第10个世界大象日当天“回家”了。

在旅行中，大象集体卧眠、母象河里救小象、小象打架等无数个画面，构成了一部大片，让人们在“追剧”中对野生动物生息繁衍有了全新的认识。比如，以前大家认为亚洲象不会到1300米以上的高山上，而此次我们发现，这群大象已经突破到了2200米，更是在70° 的坡地上上下自如。再比如，很多人是第一次知道大象是躺着睡觉的。因此，这次人象和谐的亚洲象群北移南归之旅，也成了一次传播生态理念和科学探索之旅。

党的十八大以来，我国实行最严格的制度、最严密的法治，在生态环境保护问题上，真抓严管，只要有人越雷池一步，立刻受到惩罚，对那些因不作为、乱作为而导致生态环境被破坏的领导干部，坚决追责，而且终身追责。新时代的中国用法治力量为建设天蓝水碧的美丽家园做出了巨大贡献。

4

用最严格的制度保护生态环境

01 >>> “长了牙齿”的环境保护法

《中华人民共和国环境保护法》是环境保护领域的基础性法律，1989年12月26日颁布，2014年4月24日首次修订，自2015年1月1日起施行。修订后的环境保护法加大了环境违法处罚力度，设立“污染按日计罚”“处罚不设上限”等规定，向长期以来存在的“违法成本低，守法成本高”等问题亮剑，为我国环保事业开启了新的篇章。

2014年4月24日，历经四次审议，十二届全国人大常委会第八次会议表决通过修订后的《中华人民共和国环境保护法》，于2015年1月1日起正式实施。上一次颁布环境保护法还是在1989年，因此这部中国环境保护领域的“基本法”

是25年来的首次修订，其对原环境保护法做了大刀阔斧的修改，法律条文从原来的47条增加到70条，以刚性的法律力量向污染宣战，从根本上改变了环境保护法长期以来是部“软法”的局面，被称为“史上最严”的环境保护法。

■ “长了牙齿”的环境保护法

◎●◎ 按日罚款无上限

违法成本低是环境污染问题日益严重的重要原因之一。原环境保护法对企业违法行为的处罚明显偏软，最高罚款仅为100万元，且对一个污染行为只能处罚一次。

修订后的环境保护法规定：企业事业单位和其他生产

经营者违法排放污染物，受到罚款处罚，被责令改正，拒不改正的，依法作出处罚决定的行政机关可以自责令更改之日的次日起，按照原处罚数额按日连续处罚。比如，生态环境部门对某企业的违法排污行为处以1万元的行政罚款决定，如果企业不整改，那么增加1天就是1万元，30天就是30万元……如此滚雪球，上不封顶，直到企业停止违法排污行为。违法的时间越久，罚款越多，即使原本的罚款数额较小，也会逐日累积至一个庞大的数目。

2020年，桂林市生态环境局开出了史上最高罚单1305万元。2020年7月15日，桂林市生态环境局对全州县某红砖厂进行现场检查，发现该红砖厂二氧化硫排放浓度超过排放标准21.88倍。7月30日，桂林市生态环境局将《责令改正违法行为决定书》及监测结果报告送达该红砖厂。8月28日，桂林市生态环境局对该红砖厂进行现场复查，结果显示排放二氧化硫浓度依然未达标，超过排放标准3.18倍。桂林市生态环境局认定这家红砖厂拒不改正超标排污环境违法行为，连续超标排放污染物29天，于是在已对该红砖厂作出罚款45万元的基础上，又作出了对当事人实施按日连续罚款的行政处罚，也就是45万元乘29天共计1305万元。与此同时，该红砖厂被停产整治。

◎●◎ 污染环境要判刑

很多人并不害怕罚款，但却害怕被限制人身自由。修订后的环境保护法罕见地规定了行政拘留和有期徒刑的惩罚措施，对污染违法者动用最严厉的执法手段。

2019年4月8日，江苏省生态环境厅检查江苏澄扬作物科

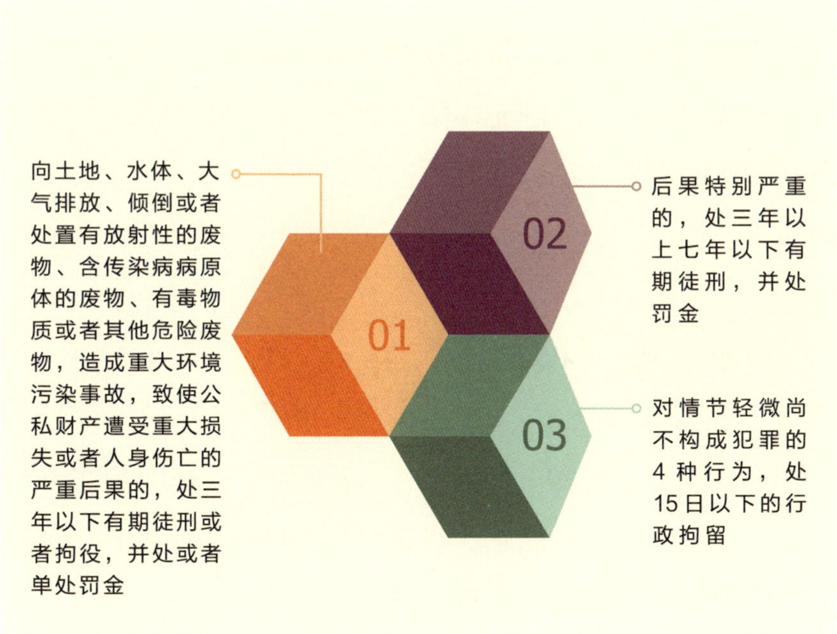

■ 污染环境要判刑

技有限公司（以下简称“澄扬公司”）时，发现该公司露天堆场存放着大量不明物料，存在环境安全隐患。随后，有关部门成立联合调查组，开展调查工作。长达数年露天堆放数千吨危险废物，长期放任有毒有害物质挥发，对大气、土壤、水体等外环境造成难以量化的损害，属于非法处置危险废物。同年5月23日，南京市六合区人民检察院对澄扬公司总经理和生产经理2名主要犯罪嫌疑人，以“污染环境罪”批准逮捕。2020年6月，南京市玄武区人民法院宣判：江苏澄扬作物科技有限公司因犯污染环境罪被判处罚金1000万元；总经理和生产经理犯污染环境罪，分别被判处一年三个月和一年的有期徒刑；同时，追缴该公司的违法所得，上缴国库。

◎●◎ 拿“保护伞”开刀

个别企业的污染行为之所以肆无忌惮，是因为当地官员为了地方经济利益的默许纵容。实践证明，生态环境保护能否落到实处，关键在领导干部，一些重大生态环境事件背后，都有领导干部履职不到位、执法不严格的问题。对此，修订后的环境保护法不仅加大了对企业的处罚力度，而且对环保部门依法行政也提出了新要求。修订后的环境保护法规定，政府公职人员如有包庇环境违法、发现污染未及时查处、篡改环境监测数据等行为，将被给予记过、撤职或开除处分，其主要负责人应当引咎辞职。

广东省汕头市潮阳区环境保护局原副局长陈洪平在近年

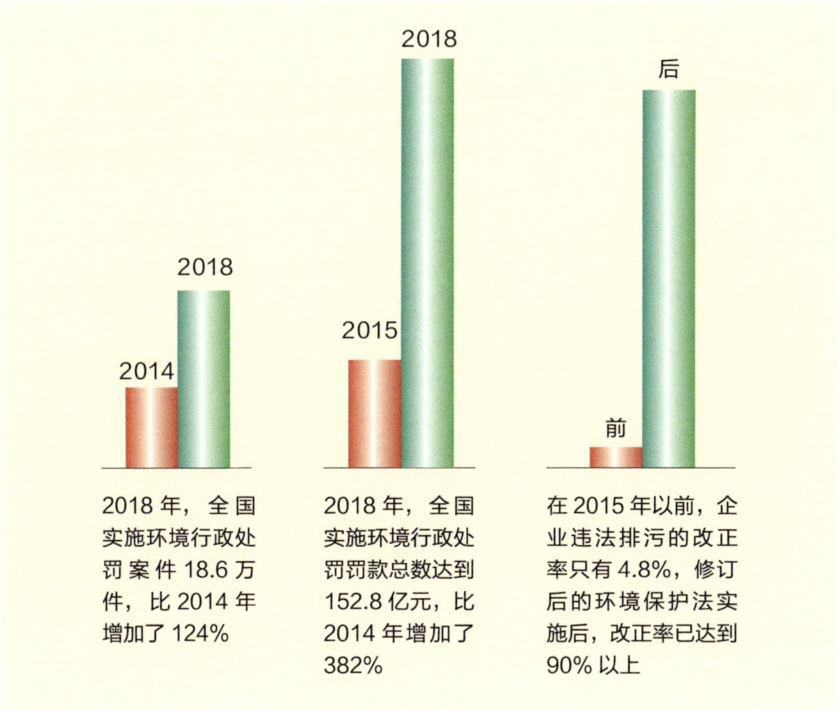

修订后的环境保护法实施效果显著

来潮阳区大力开展环境整治的重要时期，多次向环境违法企业通风报信、包庇纵容环境违法行为，充当环境违法企业的“保护伞”。2018年10月，经潮阳区纪委研究并报潮阳区委批准，给予陈洪平开除党籍、开除公职处分，将其涉嫌犯罪问题及所涉款物移送司法机关依法处理。

修订后的环境保护法自2015年实施以来，体现出前所未有的生态环境保护和治理力度，在打击环境违法行为方面取得了显著成效。“有禁不止”“罚后不改”等顽疾在很大程度上得到扭转，环境保护法的“钢牙利爪”将持续发挥作用，为美丽中国建设保驾护航。

02 >>> “嘴馋”贪吃野味被判刑

野味，指非人工饲养、靠猎取得来食用的野生动物。野生动物对维持生物多样性及生态平衡具有举足轻重的影响。不少可怕的病毒都来自野生动物，贪吃野味不仅给野生动物以及自然环境带来伤害，也给人类身体健康和公共卫生安全带来诸多挑战。我国刑法规定，非法猎捕、杀害国家重点保护的珍贵、濒危野生动物的，或者非法收购、运输、出售国家重点保护的珍贵、濒危野生动物及其制品的，一律判刑！大家切勿因贪吃野味铤而走险，做到坚决杜绝“舌尖上的杀戮”。

很多年轻人都自诩为“吃货”，祖国大江南北也都有自己的特色菜，食材和做法不断推陈出新。有些人就动起了歪心眼儿，做野味，吃野味，将天上飞的、地下跑的、水里游的，尽其所能地列入食谱，甚至还有人把吃野味作为有身份地位的象征。我们常说“病从口入”，现在很可能变为“祸从口入”——离开餐桌就会被警方带走。什么？吃个饭还犯法了？我们去了解一下吧。

◎●◎ 贪吃“野味”，感染病毒

很多人认为，野生的就纯天然、无公害，没有任何添加剂，肯定比家养的对人体好，野味肯定也是这样的，所以“吃货”们就开始向野生动物下“毒手”。那同学们有没有想过，野生动物是自然生长的，没有经过任何消毒、杀菌处理，身上可能携带着大量细菌、病毒、寄生虫。在食用野味时，这些细菌、病毒、寄生虫就会进入人体，引发各种传染病。

比如，野猪身上就携带有绦虫、钩虫、吸虫和蛔虫等，当人类进食野猪肉时，这些寄生虫会进入人体，可引起肌肉酸痛或僵硬、失明、精神错乱，甚至突然死亡；进食野鸡、野鸭容易感染禽流感，导致人体出现头痛、高热、呼吸困难、肌肉酸痛等不适，严重者可危及生命；蝙蝠可以说是最大的“毒窝”，其身上所携带的病毒竟然高达上百种，食用蝙蝠无异于自杀。

同时，在处理野生动物的时候，难免要接触动物活体，有些病毒是可以通过皮肤感染的，如果手上有伤口，感染的概率会更高。

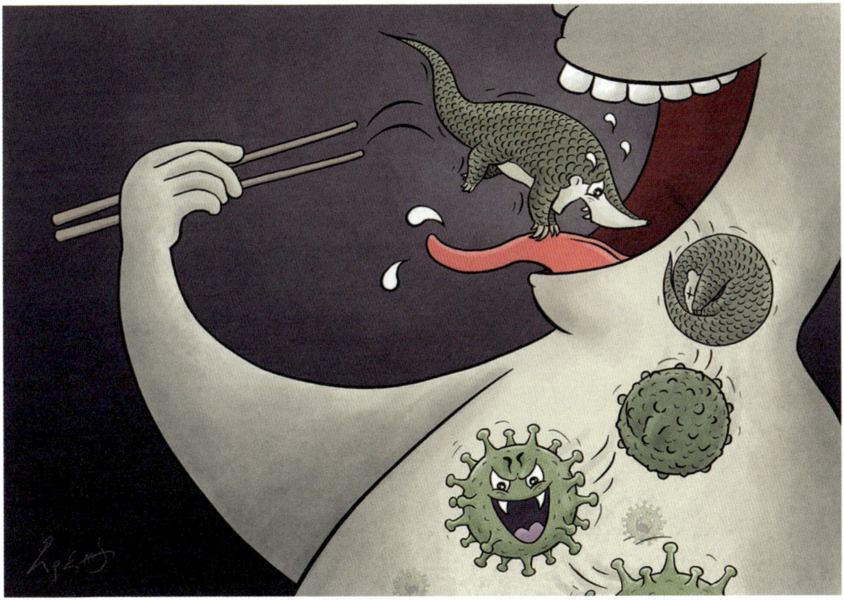

■ 贪吃野味，病菌下肚

◎●◎ 我国法律对买卖野生动物的规定

大多数人已经有了不能捕杀野生动物的认识，但没有买卖就没有杀戮，野生动物非法交易仍在一些地方广泛存在，“野味产业”规模庞大，对公共卫生安全构成了重大隐患。

2016年修订的《中华人民共和国野生动物保护法》第三十条规定：“禁止为食用非法购买国家重点保护的野生动物及其制品。”2020年2月24日，全国人大常委会通过《关于全面禁止非法野生动物交易、革除滥食野生动物陋习、切实保障人民群众生命健康安全的决定》，进一步要求全面禁止以食用为目的的猎捕、交易、运输在野外环境自然生长繁殖的陆生野生动物。

这意味着买卖野生动物均是犯罪，不要以为自己只是尝尝鲜，其实这就是犯罪。另外，运输这些野生动物与买卖捕杀是同罪。野生动物买卖是违法交易，需要专门的流通运输渠道，这些渠道本身就是暗地里的违法操作，见不得光。还有人问：“我是被别人请吃的，不知道吃的是野生动物，也要受罚吗？”这种情况也是要承担法律责任的，当然请吃者的责任更重。

给大家举个最近的“网红”案例吧。2022年7月，一个名为“提子”的“吃播”博主，在网上发布了一段视频。视频中，她兴奋地躺在体形硕大的鲨鱼旁边，摆足了姿态，引来不少人围观。对比完之后，又对鲨鱼进行了分割，一份水煮，一份烧烤。火红的辣椒粉，猎奇的食物，加上夸张的动作，这段视频迅速冲上了热搜。但很快，有网友发现了不对劲。视频中博主食用的鲨鱼，疑似国际濒危野生动物噬人鲨。随着事情持续发酵，很快警方就介入了调查。警方经过鉴定，确认涉事视频中的鲨鱼为噬人鲨，也称大白鲨，是国家二级保护动物。依照法律，捕捞后不管死活都需要抛弃入海，上岸、销售、购买都违法，并且噬人鲨没有人工养殖。目前，这个视频账号已被封禁，相关人员也已经被警方控制。2023年，1月30日新闻报道该“网红”被处罚12.5万元。

◎●◎ 认准“白名单”可放心食用

看到这里，有人一定会问了，我怎么知道我吃的是不是野生动物呢？国家能否设立一个禁止食用野生动物的“黑名单”？因为“黑名单”涉及物种非常多，目前自然界的兽类达5400多种，鸟类达12629余种，罗列出来也不便于实际操作。我们可以采用“白名单”排除法，也就是国家允许食用的动物以外的，尽量都不要上餐桌。

2020年5月29日，农业农村部公布了《国家畜禽遗传资源目录》，这实际上就起到了“白名单”作用。该目录中的梅花鹿、马鹿、雉鸡、鹧鸪、绿头鸭、鸵鸟、鸸鹋等物种的人工繁育种群属于家禽家畜，按畜牧法管理，不在禁食范围。另外，黑斑蛙、棘胸蛙、棘腹蛙、中国林蛙、黑龙江林蛙等5种蛙类，以及湾鳄、暹罗鳄、尼罗鳄等物种，明确由农业农村部按水生动物管理，其人工繁育种群也不在禁食范围。

总之，食用野味，非但谈不上养生，反倒是害己。我们要摒弃食用野味的陋习，自觉保护野生动物，做到不猎杀、不贩卖、不食用，别让“舌尖”之鲜变成社会之险。市民如有发现涉及野生动物犯罪的线索，可联系本地野生动物主管部门查处，也可直接拨打全国检察服务电话12309举报或向公安机关报警。

03 >>> 终身追责，秦岭生态环境坏不得！

秦岭是中国地理上的南北分界线，素有“南北植物荟萃，南北生物特种库”之美誉，也被称为中国的“生物基因库”和“绿色水库”。习近平总书记强调，要以对党、对历史、对人民高度负责的精神，把秦岭生态环境保护和修复工作摆上重要位置，当好秦岭生态卫士，这对于确保中华民族长盛不衰、实现可持续发展具有十分重大而深远的意义。

八百里秦川，五千年中国。秦岭像一条巨龙，横亘在中华地理版图中央，雄姿巍峨又满溢神奇色彩，在中华民族的繁衍和发展中做出了不可替代的贡献，被誉为“中华龙脉”。有些人因为迷信风水等原因，在这个“龙脉”上建造

秦岭

别墅，严重破坏了秦岭的生态环境。党的十八大以来，我国彻查整治秦岭违建别墅，建立损害秦岭生态环境的终身追责制度，铸造法治利剑，守护秦岭生态安全。

◎●◎ 中国顶级生态空间

同学们知道秦岭山脉有多么重要吗？毫不夸张地说，保护秦岭山脉的生态环境，直接关系着整个中华民族长盛不衰。

因处于东西承接、南北过渡的特殊地理位置，秦岭素有“南北植物荟萃，南北生物特种库”之美誉。秦岭范围内有120种动物和176种植物被列为国家和省级重点保护对象，秦岭是许多古老和孑遗生物的家园。我们熟知的大熊猫、金丝猴、羚牛、朱鹮并称为“秦岭四宝”。保护秦岭生态，就是在保护中华民族的生物基因库。

秦岭是黄河、长江流域重要的水源地。秦岭北坡是黄河一级支流渭河的主要补给水源地，南坡是长江一级支流嘉陵

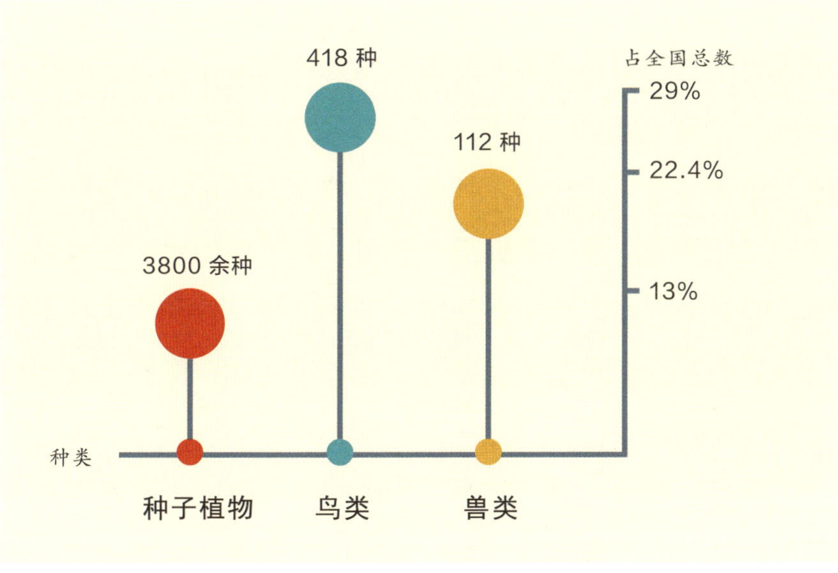

秦岭被誉为我国的“南北生物特种库”

江和汉江的源头区，东段的崤山、熊耳山和伏牛山则是黄河一级支流伊洛河和淮河一级支流颍河的源头区。秦岭为我国黄河、长江、淮河三大流域提供了水源保障，是名副其实的中央水塔。这些河流把秦岭南北和关东、关西连接起来，沟通了区域间的经济文化交流。保护秦岭生态，也是在保护支持我国主要区域经济社会发展的生命之水。

◎●◎ 重拳整治秦岭违建别墅

从20世纪末开始，一些人开始盯上秦岭的好山好水，开发房地产，试图将“国家公园”变为“私家花园”。这些项目占地少则几十亩，多则上千亩。别墅建设者肆意圈占林地，随意排放生活污水，甚至把山坡人为削平，严重破坏了秦岭生态环境。虽然中央三令五申，地方也出台多项政策法规，要求保护好秦岭生态环境，禁止任何单位和个人在秦岭山脉从事房地产开发、修建商品住宅等活动，但数百套别墅依旧拔地而起。

针对“秦岭违建”问题，2014年5月13日，习近平总书记作出批示，要求陕西省委、省政府关注秦岭北麓西安段圈地建别墅问题，但是由于一些领导干部与开发商官商勾结、

秦岭拆除违章建筑

权钱交易，瞒报了近千栋违建别墅。

从2014年10月到2018年7月，习近平总书记又先后五次作出指示，强调“对此类问题，就要扭住不放、一抓到底，不彻底解决、绝不放手”。中央督察组成立6个工作组，对秦岭的乱搭乱建、乱砍滥伐、乱采乱挖、乱排乱放、乱捕乱猎问题进行全面排查。最终，秦岭清查出1194栋违建别墅。

国家依法拆除这些违建别墅，同时开展填土修复、栽树栽草工作，使秦岭实现了全面复绿。在秦岭违建别墅整治中，一大批领导干部因“整而未治、阳奉阴违、禁而不绝”问题被立案调查，341人被追责，党纪政纪处分209人，其中职位最高的官员是陕西省委原书记赵正永。

◎●◎ 用终身追责为生态文明护航

拆除秦岭违建别墅这场环保战启示我们，秦岭违建别墅事件不是单纯的生态环境问题，背后主要是官员不作为、慢作为、乱作为、假作为等问题。生态环境保护绝不能“说起来重要、喊起来响亮、做起来挂空挡”，只有严厉追责，用制度利剑明晰生态保护红线，才能确保绿水青山常在。

为此，2019年9月陕西省第十三届人民代表大会常务委员会第十三次会议修订通过《陕西省秦岭生态环境保护条例》，于2019年12月1日正式施行。新条例将秦岭核心保护区范围由海拔2600米以上扩大到海拔2000米以上，明确提出在核心保护区、重点保护区禁止开发矿产资源和房地产开发。

新条例更大的亮点是专门增加了“监督管理”一章，加大考核评价与责任追究，规定秦岭区域内县级以上人民政府实行自然资源离任审计和生态环境损害责任追究终身制度，也就是说，官员即使提拔了、退休了、调离了，也要对自己当年错误决策造成的生态环境破坏负责任，把当年的生态“欠债”还清。

在终身追责的利剑下，从2020年起，西安每年落实保护资金1亿元，为秦岭区域生态修复提供坚实保障，截至2022年年初，纳入秦岭生态环境保护台账的334个突出环境问题全部完成销号。如今，秦岭区域生态环境质量明显改善，珍稀野生动植物数量不断增加，地表水质量总体为优，现代化的数字科技正融入生态环境保护，守护着秦岭的蓝天、碧水、净土、青山，也守护着祖国的壮丽山河。

习近平总书记在党的二十大报告中指出，要坚持山水林田湖草沙一体化保护和系统治理，推进美丽中国建设。由山川、林草、湖沼等组成的自然生态系统，是一个相互依存、紧密联系的生命共同体，山水林田湖草沙等要素通过能量流动与物质循环相互影响，共同维持着地球生态系统正常运行。生态环境保护不能头痛医头、脚痛医脚，必须统筹考虑自然生态各要素、山上山下、地上地下、陆地海洋以及流域上下游和左右岸，进行系统修复、综合治理。

山水林田湖草沙
是生命共同体

01 >>> 河长、湖长是什么“官”？

同学们听说过市长、县长、局长、班长，你们是否听说过“河长”“湖长”？河长、湖长是个什么官？河长、湖长的“权力”究竟有多大？长江、黄河这样的大江大河，跨数个省份，有河长吗？今天，笔者就带你了解河长和湖长这两个新头衔。

河长、湖长，即“一河之长”“一湖之长”，负责河流、湖泊的保护和治理工作。河长、湖长既可以由国家公职人员作为“官方河长”担负主要责任，也可以由当地企业负责人或者居民担任“民间河长”广泛参与治理。全面推行河长制是落实地方主体责任、解决我国复杂水问题的有效举措，是完善水治理体系、保障国家水安全的制度创新。

◎●◎ 河长、湖长管什么？

“河长”“湖长”是管理河道和湖泊的最高治水长官。最早在全国实行河长制的是浙江省长兴县。2003年，浙江省长兴县为创建国家卫生城市，对每一条道路、每一条河流都采取责任包干制，城区面貌很快焕然一新。2016年，我国将长兴经验在全国推广，实行河长制。2017年，在全国实行湖

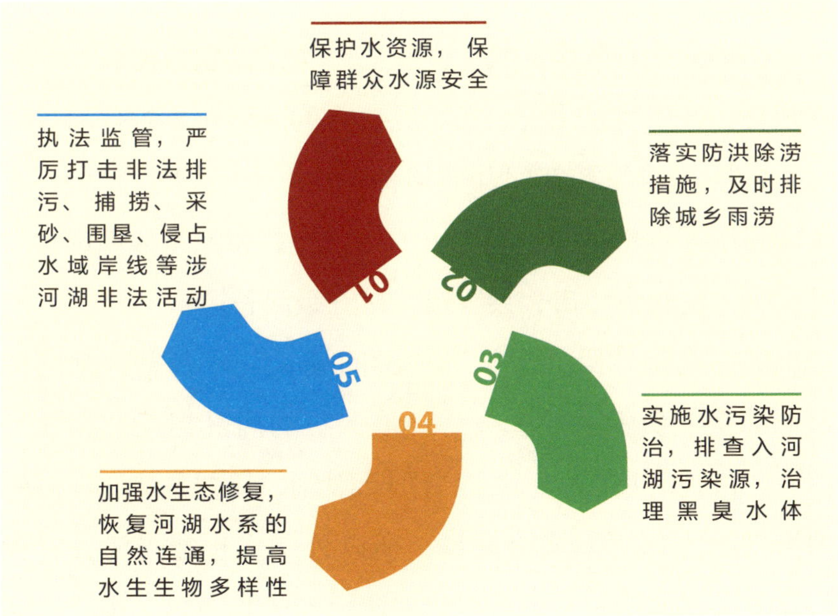

■ 河长、湖长的日常工作内容

长制。

以前，一条河流分上游下游、水里岸上，治理部门多，权责难清。现在，每条河流都有了责任人，每条河流都有人管。像长江、黄河这样的大江大河，跨越了若干个省份，要分级分段设立河长，由流经省份的省级领导担任，负责协调省内相关工作。

◎●◎ 什么人可以当河长、湖长？

在我国，有两类河长、湖长。一类是“官方河长”“官方湖长”，也就是由省、市、县、乡的主要领导担任河长、湖长，协调组织各部门开展河流的保护和治理。广东、贵州、浙江等省份还在中央要求的基础上，将河长体系延伸至村一级，设立省、市、县、镇、村五级河长。

另一类是“民间河长”“民间湖长”。各县区都聘请了当地企业负责人或者关心环境保护的居民担任“企业河长”“百姓河长”。河长没有国籍限制，只要是热心河湖保护治理的人都可以成为河长，所以外国人也能当河长，我们称之为“洋河长”。目前，我国已有来自英国、荷兰、波兰、南非等不同国家的“洋河长”，主要负责河道日常巡查、河道垃圾清理、河道周边企业排污监督、及时上报发现的违法违规行为等。有一些“洋河长”是当地的民宿业主，他们维护身边水环境、保护秀丽风景的同时也从中受益。

需要强调的是，“民间河长”不能代替“官方河长”的职能，各级党政领导要承担河道治理的主要责任，同时充分发挥“民间河长”的积极性，把河流管理和保护得更好。

我们在河流的醒目位置竖立了河长公示牌，在这些牌子上清楚标明了河长姓名、职务、职责、河流起止点、管护目标、河长手机号码等，便于民众打电话举报、投诉。住在都江堰大道幸福公寓的张大爷说：“每天清早出来晨练，一看到这些公示牌，我们心里就踏实了，知道这条河有这么多人上心。作为都江堰人，我们更要自觉地保护河流！”

目前，全国有省、市、县、乡四级河长、湖长30多万名，还有90多万名村级河长、湖长守护河湖“最前哨”。

◎●◎ 当河长、湖长是什么感觉？

河湖要治“病”，首先要做“体检”。河长、湖长奔赴各自负责的河道，用脚步丈量河段，掌握大量第一手资料，建立“一河一档”，形成“一河一策”。

彭建是四川成都都江堰市永胜社区书记，作为一名兼职的“官方河长”，他将巡河任务都定在了下班后，坚持每周至少巡查1次，年均巡查河流70余次。他说：“巡河是我们必须要做好的一项工作，边巡边清，不仅是对河道的保护，更拉近了我们社区干部与群众的距离。”

63岁老党员陈贻贡当起了“百姓河长”，不仅每天巡河、清理垃圾，还向家人和居民宣传环保理念。

马凯来自瑞士，是罗氏诊断产品（苏州）有限公司总经理，他还有一个特殊的身份——“企业河长”，负责苏州工业园区的一条名叫“凤里浦”的河道保护。每周三，马凯都会身穿印有“园区河长联盟”字样的蓝色马甲，带领由8名企业员工组成的巡河团队，在凤里浦岸边巡查。刚走出企业大门，看到路边草丛中有张塑料纸，马凯赶紧弯下腰，用手中的钳子夹起来，往前紧走几步，把塑料纸放进不远处的垃圾箱内。

“快把网兜递过来！”在凤里浦岸边，马凯叫来巡河团队队员。他接过网兜，小心翼翼地把河中的杂物捞上岸，然后装入携带的垃圾袋中。检查过河边没有新增排污口后，巡河团队继续在河边草丛中慢慢搜索。

这段凤里浦河道只有三四百米长，但一路巡查下来，也

清理河道

花了1个多小时。4名队员抬着两只装得满满的垃圾袋返回。

马凯告诉我们，巡河工作需要检查河水是否清澈，河道是否有异味或有明显颜色变化，河边是否有新增的排污口，河道是否被杂物堵住，是否有其他可能导致河道生态被破坏的异常情况。“我们能够处理的小问题，就当场解决。对于处理不了的问题，就马上拍下现场照片，然后及时上报给园区河长办，请相关部门解决。我们还会定期对这些问题进行追踪，直到问题被最终解决。”

“巡河工作，我们肯定会一直坚持下去。”马凯说，他在中国已生活了8年，“苏州已是我的第二个家，我非常自豪能成为一名河长，希望能为苏州、为中国的环保事业尽一份力”。

就是在这么一群河湖守护人的努力下，全国清理整治河湖问题20余万个，清理河道内垃圾4000多万吨，人民群众直观感受到了周围的许多河流正在发生巨大变化，对当地的河长、湖长赞不绝口。比如，2019年11月，成都市新都区举行首届“最美河（湖）长”评选活动，10名保护家园水环境的河长和湖长走进颁奖典礼现场，接受新都区市民的褒奖。

同学们，赶紧回家向家人和亲戚宣传，让他们也去当“民间河长”，为保护身边的河流贡献一份力量吧！

02 >>> 城市公园变身“海绵宝宝”

同学们听说过“海绵公园”吗？海绵是一种大家再熟悉不过的材料，众所周知，它对水具有吐纳自如的强大能力。所谓海绵公园，就是让公园像海绵那样会“呼吸”，下雨时可吸水、蓄水、净水，需要时再将所蓄的水释放、利用，以此提升城市生态系统功能。2021年7月2日，湖南长沙首个示范“海绵公园”——圭塘河“海绵公园”正式开

“海绵公园”是在公园的设计和建造中，利用海绵的渗透、吸水原理，对地表雨水进行有效的处理和利用，在应对自然灾害等方面具有良好的“弹性”，下雨时可吸水、蓄水、渗水、净水，需水时可将蓄存的水“释放”以供使用。“海绵公园”可以缓解城市雨洪管理系统的压力，净化地表雨水径流，减少城市内涝，是城市内的“天然雨水调蓄池”。

园。我们去看看这个公园是如何变身为“海绵宝宝”的吧。

◎●◎“母亲河”黑臭30余年

圭塘河是长沙中心城区最长的内河，被沿岸居民亲切地称为“母亲河”。圭塘河畔曾是很多当地“60后”“70后”童年的乐园。50多岁的廖志华在圭塘河边住了40多年，以前的圭塘河水量不大，但河水清澈，可不时看见一群群游鱼。大人拿着青菜、衣服来到岸边清洗，不远处还有人钓鱼、有小孩戏水。夏天和小伙伴在河里摸螺蛳。累了，倒在河畔草地小睡一会儿；渴了，捧起河水往嘴里送。晚上拎着一大袋螺蛳回家，炒炒就是最好的下饭菜。

在廖志华的记忆里，到了20世纪70年代末，河岸的稻田逐渐被批发市场和拔地而起的高楼代替，圭塘河沿线的养殖场、屠宰场越来越多。河边大大小小的污水排放口，黄色、褐色、黑色的污水流入圭塘河，“河里淤泥堆积、臭气熏天。离河岸一里路，都能闻到臭味，打鱼人再没有出现过”。

蔡建国比廖志华年长一些，早年靠捕鱼为生，圭塘河就是他一家老小生计的保障，“有时候一天能捞几十网”，

“后来，附近的居民都不喝圭塘河的水了，只用来浇菜”。蔡建国回忆说，2000年以后，生活污水直排、垃圾倾倒，日复一日，年复一年，河道里污水和垃圾散发出的气味熏得人不敢开窗，“对面有个小区叫‘双水湾’，有人开玩笑说，应该叫‘臭水湾’”。

家人受不了周边的气味，2010年，廖志华和蔡建国都举家搬迁。

◎●◎“头痛医头”难破局

圭塘河是中国城市水体的缩影。水环境保护事关人民群众切身利益，近年来，不少地方对城市黑臭水体的治理非常重视，投入了大量人力、物力、财力，但总体效果低于预期。山东省潍坊市投资4700万元对围滩河“撒药治污”，“药”一停，污染程度又逐步回到之前的水平；贵州省贵阳市开阳县投资984.7万元在洋水河末段建设除磷设施，最终徒劳无功；从2003年到2013年这10年之内，南京市对清溪河进行了两次整治，2010年更是在原有护坡的基础上再次清理底泥，对河底进行硬化处理，并每隔一段距离设置一片水面浮生植物，加设充氧设备，但清溪河却依然不“清晰”。

问题出在哪儿？“屋漏在下，止之在上”，黑臭水体固然在河道里，但黑臭的根源却在岸上。治理城市黑臭水体与堵住房屋漏雨的道理一样，要使黑臭水体变为清流，必须消除岸上的污染源。城市水体流动性小、自我修复能力差，在污染长期累积形成黑臭水体的情况下，先清清底泥、换换水，让水环境有一个阶段性改善，无疑是必要的，但只在水里下功夫显然不够，还要釜底抽薪，解决岸上的污染源，才能从根本上解决问题。一些城市黑臭水体治理效果总是反复，其教训就在于只管河面不管岸上、只治河道不治管道。

◎●◎ 把“水里”的问题在“岸上”解决

从2014年起，圭塘河边的200多万平方米违章建筑被拆除，89家造纸、印染、制革等工厂搬迁或被淘汰，有效减少了企业生产对河道的污染。生活污水乱排乱放是江河湖泊水质下降的源头之一，其中餐饮污水排放治理是重中之重。长沙市水务部门曾多次接到投诉：圭塘河周边有经营户将未经处理的油污水排入下水道。针对此类乱象，2018年9月，圭塘河所在的雨花区政府要求每家每户的厨房都安装油水分离器，餐厨废水进入分离器后，会自动水油分离，水流入每家每户门口的收水井，油沫和食物残渣则不再进入市政管道。圭塘河沿线119个排水口还安装了智能检测设备，排水数据每5分钟就上传一次。终于，曾经油乎乎的水面变干净了，一场彻底的排水革命改变了圭塘河多年的“油腻”相。

接着，政府沿着河岸栽植芦苇、荷花等多种水生植物，并投放田螺、鱼苗、微生物等水生动物，让这些天然“净化员”发挥作用。依托圭塘河生态修复，雨花区利用闲置地块设置下凹式绿地、植草沟等设施，一个环境幽雅、小路蜿蜒的“海绵”滨水公园呼之欲出。下雨时，雨水通过草地和水生植物，层层过滤和渗蓄到地下，流入圭塘河；旱时，存蓄的雨水自动渗出，为园内绿化及时补充水分。

如今的圭塘河，晴天是一道湖光水色的风景线，雨天变身为一块会吸水的“海绵”，河道两岸景色秀美，美人蕉、翠芦莉等水生植物摇曳生姿，生态绿道让人心旷神怡，成为市民每日打卡的理想休闲处所。环境好了，不少多年前离开的老居民，选择重新回到她身边。

同学们，你生活的城市是否也有像圭塘河这样的“海绵公园”呢？去找找吧！

■ 整治后环境优美的长沙市圭塘河及其沿岸

03 >>> 让草原得以休养生息

草原，是很多人向往的“诗和远方”。一望无际的草原，遍地的牛羊，黄昏落日下的策马奔腾，耳边回荡的是草原牧歌和马头琴的旋律，草木的清香扑鼻而来，让人心旷神怡。大家知道吗？草原不仅带给人们美的享受，还具有极其重要的生态功能。

草原是地球上分布最广的植被类型，被誉为“地球的皮肤”。草原不仅可用于放牧，还承担着防风固沙、保持水土、涵养水源、调节气候、维护生物多样性等重要生态服务功能，是不可替代的重要战略资源，草原生态直接关系到气候的稳定。我们要在保护的前提下合理利用草原，通过禁牧、休牧、轮牧，防止草原超载过牧，使草原生态系统得以永续利用。

◎●◎ 草原“生病”了

我国是一个草原资源大国，天然草原面积近60亿亩，占国土总面积的41.7%，有大家熟知的内蒙古呼伦贝尔草原、锡林郭勒草原、新疆伊犁草原、西藏那曲高寒草原，四川若尔盖大草原等也闻名于世。然而，近几十年来，我国90%左右的天然草地出现了不同程度的退化现象，“地球的皮肤”失去了它本来的颜色，草原已不再是想象中的模样。

走在青海的草原上，时常会见到一片片牧草稀疏甚至寸草不生的黑色土地，这些地方被称为“黑土滩”，是高寒草甸草原严重退化的表现。如同癌症一般，如果不及时治疗，黑土滩将会继续蔓延，危及周边草场。罗日盖是果洛藏族自治州达日县沙日纳村的草原管护员，他感慨道：“草场像是得了病一样，一年不如一年，黑土滩扩散太快了。”

在内蒙古，曾经水草丰美的科尔沁草原上，牲畜粪便满地，发出阵阵难闻的气味，有的地方则索性变成严重的沙地。草场失去植被的保护，土壤持水保水能力下降，风沙及沙尘暴等自然灾害经常发生。曾有人实拍到内蒙古沙尘暴侵袭瞬间：超百米的沙尘暴如一堵巨墙滚滚向前，与远处的蓝天白云形成鲜明对比。

■ 牧民在修复黑土滩

过度放牧、不合理开发以及围栏建设是草原退化的主因。以四川省若尔盖县为例，从20世纪50年代至2008年，全县牲畜从33万头增加到120万头。草场面积没变，牛羊多了好几倍，草原哪受得了？草原得不到休息，产草能力不断下降，牲畜能吃的牧草越来越少，当地牧民收入也逐年下降。

◎●◎ 草原“带薪休假”

从2003年起，我国开始启动退牧还草工程，给草原“放假”，在草原退化严重的地区禁止放牧活动，在重要的草原上减少发展畜牧业，让草木在退化乃至沙化的草原上重新生长起来。

草原要生态，可牧民也不能“饿肚子”，所以，国家在内蒙古、西藏、新疆等13个主要草原牧区省区实行草原生态保护补助奖励政策，也就是说，牧民因减少放牧而导致的收入损失，由政府给他们补偿，解决他们生活上的后顾之忧。

草原生态保护补助奖励政策分为补助和奖励两个部分，即对禁牧的草原给予适当补助，对实行草畜平衡的草原进行奖励。目前，我国已经实施完成两轮草原生态保护补助奖励政策，从2021年起开始实施第三轮，资金补助标准在不断提高。第三轮草原生态保护补助奖励政策的中央标准是禁牧补贴每年每亩7.5元，草畜平衡奖励每年每亩2.5元，各个地方根据草场质量、草场类型等因素，适当调高标准。比如，呼伦贝尔草原、锡林郭勒草原的草场质量非常高，如果把这些草场禁牧了，那牧民的损失就会多一些，所以补助标准也相对较高一些。

自2011年中国草原生态补奖政策实施10年以来，国家为草原“带薪休假”累计投入资金超过1500亿元，1200多万户农牧民受益，38.2亿亩草原得到休养生息，草原生态持续恢复，植被盖度增加，重现“天苍苍，野茫茫，风吹草低见牛羊”的美丽景象。一些濒临寸草不生的地方，如今草木丰茂、湖水荡漾，引来北归候鸟栖息。

◎●◎ 既放牛羊，又“售”风光

禁牧封育不仅染绿了片片草原，也让农牧民的钱袋子实实在在地鼓了起来，“草原天路”成为牧民的小康路。

实施草原生态保护补助奖励政策前，巴德玛在6000亩草场上养着40多头基础母牛和近百只羊。由于超载过牧，草原退化，牛羊常因草料不足而掉膘变瘦、营养不良，卖不上好价钱。2013年，她家近2000亩草场被划为禁牧区，4000多亩草场被划入草畜平衡区，一年能拿4万多元补助奖励资金。她把羊全部出栏，将基础母牛控制在40头左右，草场生态逐渐好转，草变多变绿了，牛吃得饱，长得肥又壮，肉质鲜美，牛奶的产量也明显提高了，“现在一年卖30多头牛犊，纯收入近30万元，过上了小康生活。”巴德玛说。

随着草场越来越好、景色越来越美，更多的游客来到草原观光旅游。牧民阿拉腾图雅利用自家的蒙古包，搞起了牧家乐，仅这一个项目的纯收入每年就有三四万元。

锡林郭勒盟“90后”牧民哈斯萨日嘎还有了新职业——草原向导。3年前，取得导游资格证的哈斯萨日嘎开始拍摄草原美景等内容的短视频，并发布在互联网社交平台。不少网民专程从外地自驾来找她当向导。“在生态变好的草原上，既能放养牛羊，又能‘销售’风光，我的生活也变得更多彩了。”她说。

人气兴旺的牧家乐

“天育物有时，地生财有限”。生态环境没有替代品，用之不觉，失之难存，是一笔既买不来也借不到的宝贵财富。当人类合理利用、善待自然时，自然的回报常常是慷慨的；当人类无序开发、向自然粗暴掠夺时，自然的惩罚必然是无情的。我们只有一个地球，如果它被破坏了，人类别无去处。我们不能只索取不投入，只发展不保护，只利用不修复，必须像保护眼睛一样保护生态环境，像对待生命一样对待生态环境，这是人类可持续发展的唯一选择。

像保护眼睛一样保护生态环境

01 >>> “时代楷模”钟扬：一粒种子托起一片希望

如果说高科技发展依靠芯片，那么，农业发展一定是依靠种子。袁隆平院士曾经说过：“关键时候，一粒小小的种子能够绊倒一个巨大的国家。种业的安全关系到粮食的安全，也关系到国家的安全。”本节内容提到的复旦大学钟扬教授致力于在海拔数千米的青藏高原对特有植物种子进行抢救性收集，数量达数千万颗，为国家提供了重要的生态安全储备资源。

种子被誉为“农业芯片”。你可知，以杂交水稻、优质小麦为代表的中国种业的突破，帮助我国占世界7%的耕地养活了占世界22%的人口？你可知，仅仅20多株被西方“植物猎人”引进的我国野生猕猴桃枝条，撑起了新西兰经济的一个产业？你可知，英国皇家植物园邱园，收集了全世界最多的豆科植物种子，一旦全球变暖，英国将占据粮食作物的基因优势？

“一个基因可以拯救一个国家，一粒种子可以造福万千苍生”，有位科学家总把这句话挂在嘴边，16年间跋涉在西藏的山山水水，带领团队采集了上千种植物的4000多万颗种子，为国家保护了重要的生态资源，还播撒下科学和人才的种子，为西部少数民族地区的人才培养和科学研究做出了重要贡献，他的名字叫钟扬。

◎●◎ 誓为祖国守护植物基因宝库

钟扬，复旦大学教授，植物学家，1964年出生于湖北黄冈，少年早慧，勤奋刻苦。1979年，钟扬考取中国科技大学少年班。1984年，钟扬被分配到中国科学院武汉植物研究所，与植物结缘，2000年到复旦大学生命科学学院任教，从此为教育事业奉献一生。

植物学也有“领土”。清朝末期，中国贫穷落后，英国人先后来华采集了几万颗种子、2000多种珍稀植物。西方人从中国拿走的珍稀种子和苗木，把英国这个只有1500种植物

“鸽子树”珙桐

的岛国装扮成了世界植物的“圣殿”，更让西方在植物学研究中掌握话语权。就拿从新西兰进口的高档水果“奇异果”来说，几代人之后，还有谁知道它就是有着土生土长“中国基因”的猕猴桃呢？还有如同大熊猫般珍贵的“鸽子树”珙桐，居然是外国人发现的……

钟扬立下大志，要为祖国守护植物基因宝库，更要在生物多样性不断遭到破坏的当下，为人类建一艘种子的“诺亚方舟”。

青藏高原有6000多种高等植物，可以说是中国最大的生物基因库，但是由于那里气候条件恶劣，高寒缺氧，氧气含量不足内地的50%，昼夜温差高达45℃，很少有植物学家踏上这块土地。如果将植物的分布在世界地图上标注，青藏高原是一块少有记载的空白。更让人忧虑的是，由于气候变暖，环境破坏，一些植物正在消失，抢救性收集记录的工作迫在眉睫。

◎●◎ 盘点青藏高原的植物“家底”

2001年，钟扬毅然选择援藏，开启了他为国家收集种子的征程。

想盘点青藏高原植物的“家底”，就如同大海捞针。要知道，很多种子并非挂在树上、长在路边等着人采，而是隐没在茫茫荒原之中。就拿拟南芥来说吧，这种植物在20世纪50年代曾被编入《中国植物志》，但是当时没有人采到过它的样品和种子，谁一旦找到了这种植物，就掌握了生物学研究的新材料，就能再现高原植物的起源进化过程。钟扬带领团队不放过每一个岩石间的裂缝，不放过每一棵峭壁旁的小草，终于在雅鲁藏布江流域内的冰川退化后裸露的岩石缝里，找到了这种高仅10厘米、长着灰白小绒球花朵的不起眼植物。钟扬像注视一个刚出生的孩子那样，脸上挂着深深的喜悦，凝望了很久。

拟南芥

盘点“家底”，还需要赶超“数字极

限”。为了规避种子之间的近亲繁殖问题，每走50千米，才能采一个样，钟扬和学生们为了采集更多更优质的种子，一年至少行走3万千米。2011年，钟扬逆风而上，向珠穆朗玛峰北坡挺进，上不来气的钟扬嘴唇乌黑，脸都肿了，每走一步都是那样艰难。他在珠峰海拔6200米的地方，找到一株仅4厘米高、被植物学家视为珍宝的“鼠曲雪兔子”。这是目前人类发现的海拔最高的种子植物，这是中国植物学家采样的最高点！

16年来，钟扬的团队创造了一个个惊动学界的成就：他们在采集的高原香柏种子里，提取出抗癌成分，并通过了美国药学会认证；他们花了整整3年，将全世界仅存的3万多棵国家一级保护植物——西藏巨柏逐一登记在册，建立起保护“数据库”；他们揭示了红景天、独一味、藏波罗花、垫状点地梅、西藏沙棘、山岭麻黄、纳木错鱼腥藻等青藏高原特有植物对环境的分子适应机制；他们的“杂交旱稻”重大研究成果获国家科技进步二等奖，这意味着，万一全球气候发生变化，干旱缺水地区也有机会让农业“平稳着陆”；他还带领团队耕耘10年，在上海成功引种红树林，创造了世界引种最高纬度，为上海海岸生态保护打造了新的屏障……

如今，这些稀有的种子被精心保存在零下20℃、湿度

西藏巨柏

15%的冷库中，如果某种植物灭绝了，后人把这些种子拿出来培育，这类植物也就复活了。

◎●◎ 在高原播撒科研的种子

钟扬不仅仅是在收集种子，他还做了一件事情，就是播撒科学的“种子”，为少数民族地区培养植物学高端人才，让他们帮助家乡提高科研和生产水平。这条路，他走得更加义无反顾，更加充满激情。

“不拿到博士学位授予权，我就不离开西藏大学！”来西藏大学第一天，在全体师生大会上，钟扬对全校师生拍了胸脯。那时的西藏大学，连硕士点都没有。16年艰苦磨砺，钟扬帮助西藏大学创造了一个又一个“第一”：申请到西藏第一个国家自然科学基金、第一个理学博士点，为藏族培养了第一位植物学博士，带领西藏大学生态学科入选国家“双一流”……不仅填补了西藏高等教育的空白，更是将西藏大学的生物多样性研究成功推向世界。

如今，钟扬培养的少数民族学生已遍布西藏、新疆、青海、甘肃、宁夏、内蒙古、云南等西部省区，不少已成长为科研带头人。他培养了藏族首位植物学博士扎西次仁、哈萨克族首位生态学博士吾买尔夏提。他的博士生拉琼已成为西藏大学的博士生导师、生态学学科带头人，在建党100周年之际，还荣获了“全国优秀共产党员”称号。

钟扬的理想是在未来10年间，收集西藏三分之一以上的植物，如果有更多人加入，也许30年就能全部收集完。遗憾的是，他最终没能等来又一个10年。2017年9月25日凌晨5时许，内蒙古鄂尔多斯市，在为民族地区干部授课返程途中，钟扬遭遇车祸，生命定格在了53岁。

钟扬的骨灰被他的学生庄严地撒入奔腾不息的雅鲁藏布江，奔腾不息的浪花将他的骨灰送到青藏高原的每个角落，而他，将不再与这片深爱的土地分离。

02 给东北虎豹一个安全的家

大家在动物园里见过老虎，可是，你见过野生的东北虎吗？

2021年，监测系统在珲春境内拍摄到一段野生东北虎追逐梅花鹿的精彩视频，被全球网友追捧。2022年1月1日和2日两天，珲春市民朱女士和朋友在野外连续两次邂逅野生东北虎，这让她们激动不已，用手机拍下了珍贵的视

东北虎、东北豹，是世界上稀有的猫科动物，因其栖息地遭到破坏，逐渐成为濒危物种。2021年9月，一个跨吉林、黑龙江两省，保护面积1.41万平方千米的东北虎豹国家公园正式设立，成为我国东北虎、东北豹种群数量最多、活动最频繁、最重要的定居和繁育区域。第一批国家公园的设立，标志着我国以国家公园为主体的自然保护地体系建设进入新阶段。

频。野生东北虎频频成“网红”，与东北虎豹国家公园的建设有着密不可分的关系。

◎●◎ 东北虎豹再现身

东北虎，又叫西伯利亚虎；东北豹，又叫远东豹，主要分布于俄罗斯远东和中国东北林区，是世界珍稀濒危野生动物。中国科学院野外调查结果表明，1953—1957年，我国成年东北虎不超过200只。1985年，黑龙江省未发现东北虎活动迹象。20世纪90年代初，人们曾悲观地断言“野生东北虎在中国已经灭绝了”。

■ 东北虎

失去东北虎豹意味着什么？它们的食物——蹄类动物会大肆繁殖。时间一久，蹄类动物会把草和灌木林通通吃光，整个生态系统都会失去平衡。因此，东北虎豹也是温带森林生态系统稳定和健康的标志。

从20世纪末开始，我国逐步停止森林砍伐，同时严惩盗猎，重视植被恢复，建立自然保护地。历经近20年的修复，一些科研团队利用红外相机，在中俄边境地带陆续拍到了东北虎豹的身影。2007年6月，吉林珲春的红外相机，拍到了一只中国境内自然状态下生活的东北虎。2013年，北京师范大学虎豹研究团队更是追踪到了令人激动的一幕：夜幕中，一只成年虎从容地从镜头前走过，4只小老虎紧跟其后，好奇地张望。这是全世界第一次在野外用影像记录到野生东北虎诞下4胞胎！它们是刚好回中国串个门，还是真的在这里定居呢？

2014年10月，黑龙江首次拍摄到珍贵的野生东北豹影像。随后，黑龙江省的老爷岭、完达山脉等地也成功拍摄到野生东北虎活动信息近30次，监测到野生东北豹活动信息4次。

研究团队分析了所有监测影像，得出结论：在2012年到2014年间，2万平方千米的监测区域内，至少有27只东北虎和42只东北豹生活在中国境内。这是我国首次科学证实在中国境内还残存着野生虎豹种群。全世界同行都震惊了，国际虎豹研究团队纷纷加入调查。消息传到俄罗斯，更是惊动了普京，2015年，普京还专程与中国团队探讨了东北虎豹保护的科研合作。

但这些被发现的东北虎豹其实生活得并不好。它们的生存空间被限制在中俄边境的狭窄区域中，东、南有日本海，北边被俄罗斯的铁路与湿地阻断，如果生存空间得不到扩大，将引发激烈的资源争夺，甚至可能让种群彻底灭绝。只有向西走，回归中国东北的广袤森林，才是东北虎豹繁衍种群的唯一途径。

◎●◎ 国家公园照亮虎豹回乡路

老虎处于食物链顶端，据估算，要想维系一只成年东北虎长期生存，每年需要500只大中型食草动物的种群基数。有人说，保护一群猴子，我们需要几座山；保护一个豹种群，我们或许需要一座城市这么大的山区；而保护老虎，我们将需要整个山脉。因此，要维持野生虎豹的生存发展，必须要有一个大面积的、食物链完整健康的森林生态系统。

为了让这些濒临灭绝的“大猫”能够回归故土并繁衍生

息，2017年8月19日，我国第一个由中央直接管理的国家公园管理机构——东北虎豹国家公园国有自然资源资产管理局挂牌成立。

东北虎豹国家公园地处吉林、黑龙江两省交界的老爷岭南部，位于欧亚大陆同纬度地区原始状态保存最好、生物物种最丰富的森林生态系统中，区域总面积1.41万平方千米，森林覆盖率高达93.32%，也是中国境内野生东北虎豹的唯一集中分布区。

国家公园出动了3万多名巡护人员，查处盗猎案件，救助野生动物，还给东北虎豹提供丰富的食物。由于东北虎豹国家公园地处长白高寒山区，冬天的大雪把动物的食物都盖住了，于是，国家公园通过建立补饲点，每周投喂玉米、豆饼等饲料来帮助它们越冬。东北虎豹国家公园内一共设立了541个补饲点，每年累计投放755吨饲料和16吨饲盐。

2018年8月，在东北虎豹国家公园汪清县境内，一只东北豹晕倒在路边，奄奄一息，这个消息很快就传到了汪清县森林公安局。动物是有灵性的，按照老百姓的话说，它下山就是希望人救它。汪清县森林公安局的工作人员把它从水沟里抬到救护车上。经专家判断，这只野生东北豹已经失去了野外生存的能力，现在被寄养在长春动物园。据东北虎豹国家公园管理局统计，2017年8月至2020年8月，园区内共救治了188只野生动物，其中6只为国家一级保护动物，63只为国家二级保护动物。

◎●◎ 王者归来万物生

东北虎豹国家公园设立后，东北虎豹种群明显增加，野生东北虎、东北豹的数量分别由试点之初的27只和42只增长至2021年的50只和60只。2018年10月，红外相机还录下了东北虎一家五口（一虎四崽）“巡山”嬉戏的珍贵影像。2019

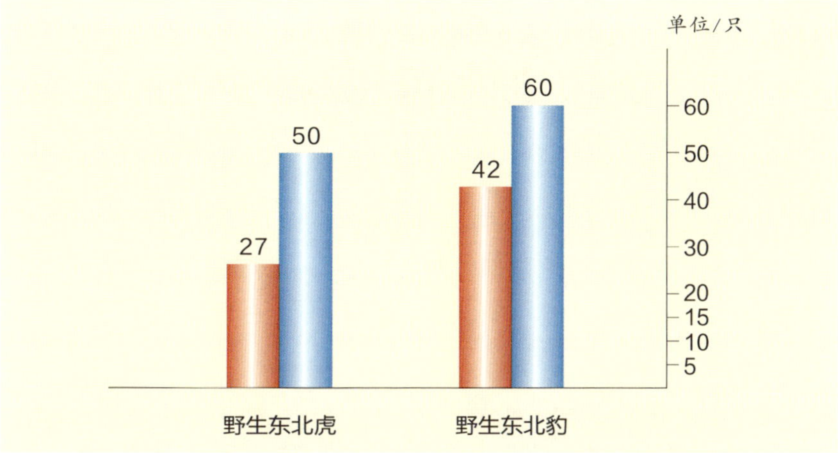

■ 国家公园设立后，野生东北虎、东北豹的数量一直在增长

年，一只虎妈妈带着两只幼崽觅食的视频记录也被媒体公开报道。在这片森林中，虎豹们享受着不被打扰的闲适生活。

不仅东北虎、东北豹的数量直线上升，有蹄类野生动物种群数量也成倍增长，梅花鹿增长了3.5倍，野猪增长了近2倍，狍增长了1倍以上，森林蓄积量增长了5.2%，这实际上表明了森林生态系统质量的大幅提升。

如今，东北虎豹国家公园内，虎豹安然栖居，以前罕见的珍稀动物频频现身，鹿狍遍地、雉鸡成群……东北虎豹国家公园守护着虎豹的家园，守护着自然界的多样精彩，也守护着人类的未来。

03 >>> 三峡珍稀植物的“保护神”黄桂云

在中国野生植物资源中，近一半为中国特有物种。这些仅存在于中国的极度濒危的野生种群物种，是属于全人类的自然瑰宝，一旦灭绝将永难再生。一种植物的灭绝不仅意味着其基因、文化和科学价值的丧失，也会引发10~30种其他生物的灭绝，打破生态系统的稳定。

有一位性格坚毅的“女汉子”，她是自学成才的植物专家，20多年间，她一直坚守在三峡濒危植物抢救保护一线，被誉为三峡珍稀植物的“保护神”。她就是长江三峡集团长江珍稀植物研究所副所长黄桂云。黄桂云长期致力于三峡濒危珍稀植物抢救保护工作，为中华特有物种的延续做出了巨大贡献。

◎●◎ 从“门外汉”到“活词典”

黄桂云从小就爱摆弄花花草草，1992年，她从园林花卉专业毕业后，应聘到三峡库区，从事园林绿化工作。因是临时工身份，每天只有锄草的工作，可黄桂云干得不亦乐乎，她的想法很简单——“就算是锄草，我也要锄得最好”。黄桂云用心做事被领导看在眼里，让她逐渐有了更多参与园林养护、坝区绿化的机会。几年下来，黄桂云成了库区绿化方面能够独当一面的能工巧匠。

长江三峡地区是世界著名的“物种基因库”，这里生长着大量特有珍稀植物。2000年，当得知由中国科学院植物研究所陈伟烈教授带领的科研团队常年在三峡库区进行野外调查时，黄桂云兴奋不已，主动请求加入野外科考工作。黄桂云一有机会就凑到教授跟前请教学习，渐渐地，大家发现这位问个不停的“门外汉”，似乎拥有一种与生俱来的“特异功能”。用黄桂云的话说就是：“我对植物特别敏感，只要教授讲过一遍的植物特性、位置，我总能分毫不差地记忆下来。”

野外考察，短则十来天，长则数月，在荆棘丛生的深山峡谷中穿梭，睡的是帐篷，啃的是干粮，喝的是泉水，还要忍受着野外蚊虫叮咬的痛楚、毒蛇出没的恐惧。风吹日晒，

■ 黄桂云冒雨工作

皮肤裂了、脸晒黑了，黄桂云从来没叫过一声苦、喊过一声累。腿脚、手臂被荆棘划伤了，她用布条一缠，接着干活；被马蜂蜇伤，她扯把草药，放嘴里一嚼，敷住伤口就继续赶路。

此后10多年间，黄桂云跟随科考队用“脚底板”丈量了三峡库区5.5万平方千米的山山水水、溪沟田壑，基本摸清了三峡库区珍稀植物的“家底”，她也逐渐被同行称为三峡库区珍稀植物的“活词典”“活地图”。

◎●◎ 让三峡特有珍稀植物“回家”

由于出色的专业能力，2007年，黄桂云被任命为三峡苗圃研究中心的业务负责人，负责让散落在三峡地区崇山峻岭中的濒危珍稀植物“回家”。从此，黄桂云更拼了。

在一次野外考察中，黄桂云惊喜地发现，在海拔1500多米的易滑坡山体上，生长着国家一级重点保护植物珙桐。然而，怎么把这批植物运回来成了难题。三峡库区地表都是花岗岩风化砂，栽种普通树木都很难，更何况是珙桐？中国林科院专家直言，引种移栽珙桐比“爬天梯”还难。

“一旦发生滑坡，这些植物就会付诸东流，一想到这里，我的心直疼。”但专家的话没有让黄桂云退缩。她在峭壁边扎起帐篷，每天观察记录珙桐生长的光照、温度、湿度、空气指数以及土壤条件指标数据，一住就是一个月。为了确保迁移方案万无一失，黄桂云又量身定制了“分级移植”方案：从海拔1500米到1000米，再到500米，最终抵达植物所，每一站留给植物两年适应期，四季跟踪不间断。

在黄桂云看来，植物虽然不会说话，但能感知到人类的精心呵护。终于在2011年，引种到低海拔的珙桐绽放出白鸽般的花朵。黄桂云笑着说：“人生没有比这更快乐的事了。”在黄桂云的悉心照料下，移栽的珙桐现在依然长势良好，不仅开花，每年还结果子。

还有一次在野外考察时，黄桂云不幸从高处滑落，造成右腿脚踝处粉碎性骨折。医生警告她，今后必须和野外活动一刀两断。“这不可能，那还不如判我死刑。”三个月不

三峡库区，崇山峻岭

到，她背着医生偷偷溜出医院，不顾同事劝说，带着嵌在腿里的钢针，再次踏上了引种之路。黄桂云脑子里只有一个信念：与时间赛跑，尽可能多地迁移保护濒危珍稀特有资源性植物。

◎●◎ 攻关植物克隆技术

2014年，三峡集团挂牌成立了“黄桂云创新工作室”，专门进行珍稀植物组培科研攻关，也就是通过对植物克隆，实现植物批量繁殖。

搞克隆实验既无经验，也无人才，黄桂云咬咬牙自己带头上，啃书本、查资料、做实验，往返于北京、武汉，虚心向专家、教授请教，不断实践学习，一点一滴地积累，逐渐掌握了核心技术。

在实验过程中，有一种名为荷叶铁线蕨的三峡特有濒危植物遇到无法繁殖的技术难题。黄桂云苦思冥想，做了上万次试验，每两个小时就观察一次，不分白天黑夜。功夫不负有心人，经过3年多的努力，荷叶铁线蕨孢子繁殖终于获得成功。

如今，“黄桂云创新工作室”成功培育出了香果树、枫香、蓝莓、石斛等一大批经济和科研价值都很高的苗木，获得国家发明专利技术10余项。

◎●◎ 习近平总书记为她点赞

2018年4月24日，黄桂云迎来了职业生涯的“高光时刻”。这一天，习近平总书记视察完三峡大坝后，来到珍稀植物示范园，亲手栽种了一棵楠木。这棵楠木，就是黄桂云于2008年从三峡库区抢救回来并亲自照料的。当总书记听说负责长江珍稀植物保护工作的黄桂云就在旁边时，走过去握住她的手，称赞“珍稀植物保护工作做得好，非常有意义，是造福子孙后代的事情”。

20多年来，黄桂云及其团队保护了三峡濒危珍稀植物1300多种，共计2.4万余株。在他们的精心管护下，长江珍稀植物研究所已经发展成为长江流域最大的濒危珍稀特有资源性种质资源库和保育基地，被誉为三峡库区珍稀植物“博物馆”，成为长江生态修复的“绿色名片”。

如今，在三峡大坝的坝顶，一株株珍稀植物生长繁茂，犹如镶嵌在大坝上的“绿色王冠”。黄桂云依旧步履匆匆，满腔热血，求索在长江生态文明建设的漫漫征程之上！

大家对交通安全、生产安全、人身安全、财产安全并不陌生，而今，一个崭新的概念“生态安全”正悄悄地向我们走来。所谓生态安全，是指生态系统的完整性和健康的整体水平，尤其是指一个国家生态环境的不良风险最小以及不受威胁，能够保障居住在这片土地上的人类安全健康地生活，比如能喝上干净的水、呼吸上新鲜的空气、吃上放心的食物、生活在宜居的环境中。

生态安全是国家安全体系的基石，没有最基本的生态安全，其他安全都无从谈起。国门是维护国家生态安全的前沿，我们必须守牢国门“第一线”，严防外来物种入侵，严厉打击“洋垃圾”走私，筑牢国家生态安全屏障。

筑牢生态安全屏障

01 >>> 海关为什么要对外来水果、肉类下“封杀令”？

外来物种入侵是威胁生物多样性的头号敌人。入侵物种流入异地后，由于新的环境中缺乏约束其繁殖的天敌，其迅速蔓延、大量扩张，形成优势种群，与当地物种竞争有限的食物资源和空间资源，导致当地物种数量减少，甚至灭绝。外来物种入侵还会对土壤、水质等方面造成不良影响，从而破坏当地的生态平衡。防范外来物种入侵，守护国门生物安全是生态文明建设的重要任务。

2019年7月，演艺人员彭某因为水果上了热搜。海关执勤人员在彭某的行李中，发现了未向海关申报的牛油果、香蕉等水果，给彭某开出了一张3000元台币（按照当时汇率约633元人民币）的罚单。

其实，在彭某这则新闻之前，关于携带食品被扣的新闻也不少。2018年4月，一名美国女子从法国旅游之后返回美国境内，将航空公司免费赠送的苹果带下飞机，入境美国时，被罚款500美元，并被取消全球入境许可资格，不能通过快速入境通道进入美国。2019年6月，中国一名陈姓男子带着400克猪皮和700克鸡爪入境韩国，被罚3万元人民币。

新闻中的这些人，携带的不过是生活中最常见的食物，然而他们却受到了十分严厉的惩罚。看到这里，可能不少人会觉得海关小题大做了，不就带了一点水果和肉类吗？有必要那么严格吗？为什么上面的这些东西不可以携带入境呢？

◎●◎ 没有硝烟的“生物战”

知识点来了！

因为新闻中的水果和肉类有可能对生物安全造成危害。被带入国门的动植物、土壤等，未经过入境的检疫，一旦携带传染病、寄生虫病，就会造成外来物种以及其他病虫害的扩散，给当地农业生产和人体健康带来极大危害。除了动植物，像肉泥、香肠、液体奶、蛋黄酱、蛋壳等非活体的生物制品，也是禁止携带入境的，因为这些熟食也可能隐藏着不

2022年2月12日媒体报道
农业农村部起草《外来入侵物种管理办法（征求意见稿）》，现向社会公开征求意见
拟规定
任何单位和个人未经批准，不得擅自引进、释放或者丢弃外来物种
外来入侵物种
是指传入定殖并对生态系统、生境、物种带来威胁或危害，影响我国生态环境，损害农林牧渔业可持续发展和生物多样性的外来物种

外来入侵物种的概念

明细菌。

生物入侵从来不是危言耸听。生物战争的主角可能是一株草木，可能是脚下的虫子，也可能是渺小到无法看见的细菌。在自然界中，众多的生物在经过长期的生存斗争后，获得了各自的生活区域，每个物种生活的区域趋于稳定，每个区域内的物种也趋于稳定。加上地球表面的山脉、海洋、河流、沙漠以及各种自然因素，这些都成了隔离屏障，使得一定区域内的生物不能轻而易举地“移民”到别的区域，这样就保证了生态的稳定性。

如今发达的交通工具，使得地域间的交流日益频繁，地球似乎越变越“小”，世界变成了一个“地球村”，物种交流的机会也无限增大。外来物种入侵还会对土壤和水体的营养成分造成不良影响，从而破坏当地生物群落的结构稳定性和遗传基因，引发生态系统的大灾难。比如，一些地区的昆虫或真菌不会对本地造成大面积的灾害，这是因为树木对它们有了抵抗力，但当这些昆虫或真菌进入其他国家时，由于当地的树木没有足够的抵抗力，侵入性昆虫或真菌就可以迅速地摧毁整个森林。

◎●◎ 生物入侵的真实案例

提起澳大利亚的野生动物，许多人的脑海中便会浮现出袋鼠与考拉的身影，这些可爱的小家伙被澳大利亚政府奉为“国宝”，深受世人喜爱。但并非所有生活在澳洲的小动物都能受此礼遇，比如兔子就被澳洲人痛恨到人人喊打的地步。为什么在中国人畜无害的兔子，到了澳洲却变得臭名昭著了呢？

原来在辽阔的澳洲大陆上，原本并没有兔子。100多年以前，一位名叫托马斯·奥斯汀的英格兰农场主来到澳洲，同时他携带了20多只欧洲兔子。由于没有天敌，来到这里的欧洲兔子发现自己简直到了天堂：气候宜人、遍地青草，四周又看不到敌人的踪影；还有这里土壤疏松，打洞做窝也非常舒适。于是，到1890年，仅新南威尔士州的兔子数量就繁衍到了3600万只左右。1926年，全澳洲的兔子数量已增长到创纪录的100亿只左右。由于澳洲兔子泛滥成灾，澳大利亚的农牧业蒙受巨大损失。另外，由于兔子的猖狂繁殖，澳大利亚灭绝或近乎灭绝的原生动物就达几十种之多。后来，澳大利亚政府还曾动用空军播撒毒药，进行立体战和化学战，都无济于事。直到1950年，澳大利亚引进了一种对兔子致命的蚊子，到1952年，整个澳洲80%～95%的兔子种群才被消灭。澳大利亚这场持续近百年的“人兔大战”，被人类公认为历史上最严重的生物入侵事件。

大家听说过水葫芦吗？原产于南美洲的水葫芦由于花朵艳丽，1901年被作为花卉引入我国，在20世纪五六十年代被当成猪饲料在我国南方普遍推广。结果，水葫芦每到一地便疯狂繁殖，只要哪里有一株水葫芦，过不了多久，全部的水面都会被它们占据，密度大到甚至连鱼儿呼吸的空间都没有。我国每年都要花费高达5亿～10亿元打捞水葫芦。“一粒有害生物的卵或种子就足以给一种生物甚至数种生物带来灭顶之灾。”不少生物学家对外来有害生物的危害性持有相

打捞水葫芦

同的观点。在我国，外来生物入侵的教训还有很多，如美国白蛾、红火蚁、松材线虫、稻水象甲等，都是会造成“所到之处，寸草不生”的主儿。

◎●◎ 出入境携带物品注意事项

讲到这里，亲爱的同学们，你们应该明白为什么海关要对外来水果、肉类等下“封杀令”了吧。海关是守护我国生物安全的“第一道防线”，海关对出入境旅客的行李会进行100%X光检查，必要时还会开箱查验。任何物种都要经过严密的检测、试验和有关部门的批准才能被引进，凡是携带或邮寄动植物、微生物、血液及其制品入境，未依法办理检疫审批手续、未如实申报等，将被检验检疫机关处以最高可达5万元人民币的罚款，情节严重者将被追究刑事责任。

所以，在此提醒大家，不管是出境还是入境，请一定不要携带活的动物、水果、肉制品、奶制品等。除此之外，还有一些旅游地的特色物品，也提醒大家不要轻易携带或购买，例如沉香木手串、蝴蝶标本、珊瑚、象牙制品、海螺、贝壳、西洋参、鳄鱼皮制品等。如果被发现携带有违禁物品，将会被没收、罚款，甚至面临牢狱之灾。

最后祝大家高高兴兴出境，平平安安入境!

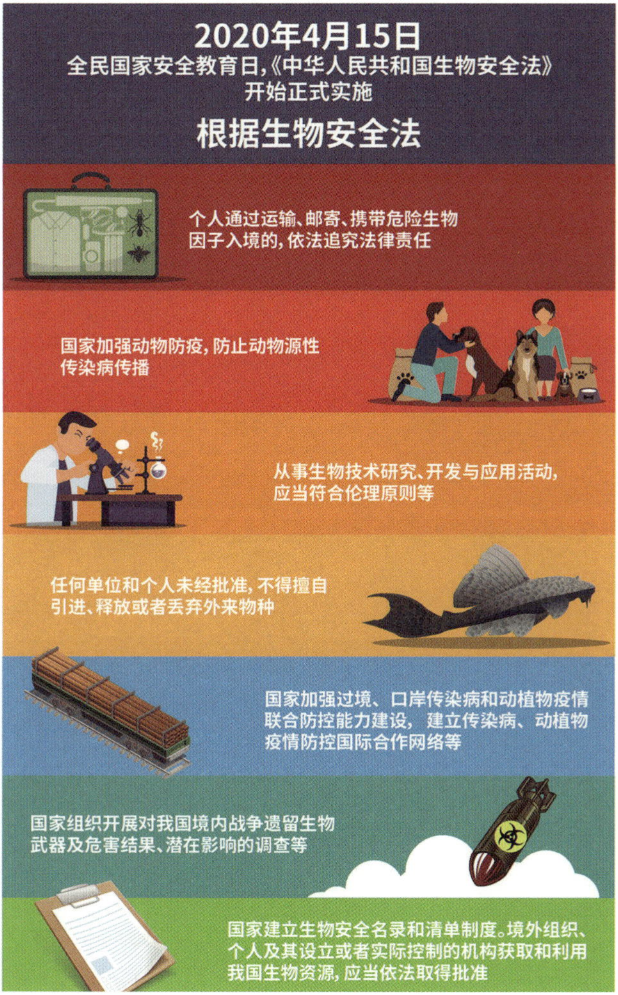

■ 2020 年 4 月 15 日，《中华人民共和国生物安全法》开始正式实施

02 >>> 警惕"粉红女郎"福寿螺入侵

福寿螺原产于美洲，20世纪80年代，被当成可食用的经济型螺类引入我国。福寿螺繁殖能力惊人，导致水体富营养化和水质恶化，加之其本身还吞噬侵害能净化水的水生植物，严重破坏本地物种生长环境。若生食或食用未熟透的福寿螺肉，可能造成寄生虫感染，对人体健康构成威胁。抓好福寿螺防控是确保农业生态安全的重要之举。

炒螺肉是夏季的必备美食，去夜市摊上点一份辣炒螺肉，再来瓶冰镇汽水，简直就是人间美味。可是，大家千万要注意，有一种螺肉可不能轻易食用哦，它就是福寿螺。就像老婆饼里没老婆，这福寿螺吃了也不能添福添寿，反而极有可能感染寄生虫，导致疾病甚至死亡的严重后果。更恐怖的是，福寿螺还是破坏力极强的“生态杀手”，大家快快来识别它吧。

◎●◎ 外国来的“粉红女郎”

大家在公园、湿地、池塘边等处，可能会看到一团团粉红色的形似葡萄的圆球“粘”在植物或墙壁上，是不是还挺好看？这些粉色物体其实是福寿螺的卵聚集而成的。通过“粉红色的卵块”来辨认福寿螺栖息地是最容易的方式之一。

福寿螺，又叫大瓶螺、苹果螺等，它可不是我国的“土著”物种，它的原产地远在南美洲亚马孙河流域，如阿根廷、巴西、巴拉圭等地。20世纪80年代，广东省将福寿螺作为高蛋白食物盲目引进，后因养殖户们发现福寿螺的肉质不佳，难以赢得食客的青睐，遂纷纷弃养。

“粉红女郎”福寿螺卵

让人始料未及的是，该螺

适应性极强，繁殖力惊人。一只福寿螺一年可产卵20～40次，只需15天左右的时间就能孵化幼螺；幼螺经过2个月的生长时间，就能达到性成熟期，可进行再次繁殖生育，而一只雌性福寿螺的母体，一年就可以产卵约30万粒。

消灭福寿螺的难度相当大。即使在无水和无食物的恶劣条件下，它们也能以休眠的方式生存下来；福寿螺抗药性强，目前还没有特效药剂和快速简便方法一次性、百分百地杀灭它；福寿螺还耐高温，须长期高温蒸煮才能死亡。因此，那些被弃养的福寿螺扩散到田间、水渠等地，在我国华南地区以极快的速度蔓延开来，目前在长江以南的地区已经泛滥成灾，并且还在快速地向北迁移。

◎●◎ 福寿螺到底有多可怕？

福寿螺的“本事”可不一般！它主要采食水生植物，如水稻、莲、茭白、芋头、荸荠、菱角、芡实等，尤其喜欢吃水稻。农民们每年都要花很多钱和精力去对付福寿螺，不然一旦福寿螺泛滥之后，就会将水稻的根茎啃食一空，直接造成大面积减产。湖南省汉寿县的种粮大户刘志军说：“去年我家200多亩田，有170多亩发生福寿螺灾害，有的稻田每平方米能找到20个成螺，几天时间就能把田里的禾苗吃得一干二净。这种病害在水稻幼苗期最严重，我们都被搞怕了。”

福寿螺大范围繁殖后，与周围生物争夺阳光、水分、生长空间等，甚至吞食本地田螺，破坏本地物种的生长环境，导致大量本地物种减少或灭绝。

曾经有专家对福寿螺进行过实验，发现一个福寿螺体内的寄生虫多达6000条！民间往往难以分清田螺和它的区别，喜欢吃螺的市民常把福寿螺错当田螺食用，酿成大祸。2006年，北京就曾暴发过一起福寿螺感染事件，受害者人数达到160多名，其原因就是饭店给顾客提供了未熟透的福寿螺肉，顾客在食用后感染了管圆线虫病，严重者脑细胞受到伤害，出现了失明、痴呆等症状。

◎●◎ 教你准确识别福寿螺

福寿螺外观与田螺很相似，但个头比田螺大，可以达到鸡蛋大小；外壳颜色比一般田螺浅，福寿螺的外壳颜色呈黄色，而田螺的外壳颜色则为青褐色；福寿螺的尾巴平而短，而田螺的尾巴长而尖。市民朋友在购买、食用螺类水产品时，一定要擦亮眼睛认清楚。如果发现了福寿螺或者粉红色

教你准确识别福寿螺

的卵块，可向当地疾控机构、农业部门等反映情况，便于相关部门对这些有害生物进行集中捣毁和焚烧处理。

以上的教训告诉我们，不能盲目引进外来物种，否则请“神”容易送“神”难，将给我国生态安全乃至人民群众的生命安全带来巨大危害。从福寿螺到食人鲳，从水葫芦到美国白蛾，现在我国已成为遭受外来物种危害严重的国家之一，在国际自然保护联盟公布的最具危害性的100种外来生物中，中国就有50多种，其中最严重的有11种，这11种具有严重危害的外来生物给我们国家每年造成约600亿元的经济损失。

当然，我们不能因噎废食，外来物种不全是有害的，例如我们所熟知的胡萝卜、番茄、马铃薯等都是从国外引进的，具有丰富的营养价值。引进外来物种需要科学完善的评估过程，切忌好奇心重，盲目引进。对于那些已引进的外来可疑生物，要保持高度的警觉，在它们对我们的环境及生物种群还没造成极大危害的时候，及时采取积极有效的措施，绝不能让类似福寿螺大面积破坏我国生态安全的事件再次发生。

03 ››› 彻底对“洋垃圾”说不！

“洋垃圾”，指进口固体废物。进口可用作原料的固体废物曾一定程度上缓解了中国工业原料不足的问题，但这是以牺牲子孙后代的生活环境为代价的，同时从“洋垃圾”中提取工业原料也严重妨碍了中国相关产业的发展，堪称“饮鸩止渴”。2021年1月1日，我国颁布了全面禁止固体废物进口的指令，宣告洋垃圾彻底退出了中国历史舞台。

以前，我们国家购买了很多其他国家准备扔掉的垃圾，有人可能会说，垃圾这么恶心，我们国内也有，为什么还要去进口别人的呢？这对于我们又有什么用处呢？其实，国家进口的“垃圾”并不是我们生活中的那些剩饭剩菜之类的垃圾，而是国外一些被淘汰的旧电器、旧衣服、旧塑料、旧纸张、旧金属等，我们称之为“洋垃圾”。

◎●◎ 进口“洋垃圾”的无奈之举

20世纪80年代初期，我国制造业和建筑业快速发展，迫切需要大量塑料、金属、纸张等原材料，而发达国家的固体废物经过处理后可以再利用，正好能够填补原材料的缺口。并且，由于我国经济发展水平比较落后，再加上中国人口众多，我们没有那么多的资源可以给所有人用上，所以，那些进口垃圾里的衣服、塑料等就派上用场了，我们只需要进行加工处理，就可以给人们使用了，有的老旧电器还可以直接使用。这样，我们用非常便宜的价格就可以解决一个大难题。

在那个年代，我国的制造技术非常落后，连汽车都造不出来，别说其他的高科技产品了，所以，我们只能去购买别人的设备，然后拆开了进行研究，搞清楚其中的原理，再自己制造。进口外国的垃圾也是一样的道理，我们可以对其中一些进行研究。

进口垃圾“变废为宝”后确实产生了经济效益，以至于后来很长一段时间，进口的固体废物成为“香饽饽”，进口量急剧增加。据统计，1995年至2016年间，中国每年进口的垃圾量从450万吨猛增至4800多万吨，增长了十几倍，我国也一度成为全球最大的垃圾进口国。

◎●◎“洋垃圾”带给中国之痛

“洋垃圾”里总有用不上的东西，比如，一吨塑料垃圾最多只有85%的塑料能够回收，其余的垃圾最终得由我们国家自己处理。如果焚烧，会产生有害气体，污染大气环境；如果水洗，会危害水体和土壤环境；如果直接丢弃或者填埋，更是加重环境负担，那些电子和塑料垃圾甚至上百年都无法降解；如果堆积，它们也会随着风吹雨淋造成土壤和地下水污染，并滋生各种病菌。总之，无论采用何种处理方式，“洋垃圾”都会对生态环境造成严重破坏。

同时，“洋垃圾”源头多出于废品站，有些还来自停尸房，再加上运输储存过程中，如果处理较随意，没有进行严格的消毒和杀菌处理，那么那些携带大量病菌的“洋垃圾”流入中国境内后，会导致各种皮肤疾病，或者结核杆菌、艾滋病等传染性疾病的传播。

纪录片《塑料王国》中有这样一个揪心的镜头：在废

塑料回收厂区里，一个个天真活泼的孩子，他们或者是父母在工厂里打工，或者自己家便是从事垃圾塑料分拣行业。虽然说是废旧塑料，实际上塑料里面什么东西都有，包括那些已经变质的鱼肉、罐头等，味道极其难闻。在这些塑料垃圾中，还时常看到严禁进口的医疗垃圾。两个小男孩捡了一大捆用过的医疗针管，放到口袋里作为玩具玩，他们不知道其中隐藏着多少病毒，会有多大的危险。

◎●◎ 全面禁止“洋垃圾”入境

随着中国发展越来越好，我们不需要进口国外的垃圾了。从2017年起，我国施行禁止“洋垃圾”入境新规，逐步收紧进口“洋垃圾”的口子，逐年减少“洋垃圾”的进口量，力争2020年年底前基本实现固体废物零进口。

同时，海关总署接连开展“蓝天2018”“蓝天2019”“国门利剑”等专项行动，重点打击以伪报瞒报品名、夹藏等方式偷运走私“洋垃圾”的违法活动，一举打掉涉嫌走私犯罪团伙139个，坚决清除“洋垃圾”滋生的土壤。在2020年年底，我国如期实现了进口固体废物清零的目标，并发布《关于全面禁止进口固体废物有关事项的公告》，明确自

全面禁止进口“洋垃圾”

2021年1月1日起，我国禁止以任何方式进口固体废物。发达国家将我国作为“垃圾场”的历史一去不复返了。

“洋垃圾”零进口是结束，也是开始。随着“洋垃圾”进入国门的口子被“勒住”，原来依靠进口固体废物作为原材料的制造企业，将视线逐步转向国内垃圾，开始从进口“洋垃圾”向消化国内垃圾转变，由此推动了我国垃圾回收和循环经济的发展，使绿色低碳生活逐渐成为社会新时尚。

人类拥有同一片蓝天，人类共有同一个地球，面对气候变化等全球性挑战，任何人都无法置身事外，全体人类是一荣俱荣、一损俱损的命运共同体，世界各国必须风雨同舟，共同守护好这颗我们共生共存的蓝色星球。中国一直是治理全球环境问题的积极参与者，以实际行动主动承担与国情相符合的国际责任，赢得了国际社会的高度赞誉。未来，我国将继续发出中国声音，传递中国力量，一如既往地做应对气候变化的“行动派”！

携手共建美丽地球家园

01 >>> 气候变化对人类有什么影响？

工业革命以来，人们过度焚烧化石燃料，产生大量二氧化碳等温室气体，导致地球温度上升。全球变暖使冰川消融、冻土消失、海平面上升，频繁引发飓风、干旱等极端天气，并助长病原性媒介疾病的传播，可能激活某些远古细菌和病毒，严重威胁人类生存安全。中国积极推动共建公平合理、合作共赢的全球气候治理体系，为应对气候变化贡献了中国智慧与中国力量。

2022年的夏天，关于高温的话题一直没断过，“晒干江”“热晕鸟”……最高温纪录一次又一次被打破，让人热不堪言。2022年4月，印度记录到自从1901年以来的最热气温；4月29日，巴基斯坦东南部两座城市气温达到了47℃，创下北半球当天的最高气温；连北纬65° 的冰岛也记录到了29.4℃的最高气温；除了中国，英国也发布了有史以来最高级别的红色高温预警，2022年7月，英国气温首次突破40℃，甚至宣布进入国家紧急状态。种种迹象表明，全球气候系统出现了以变暖为主要特征的明显变化。气候变暖的影响远不是感到炎热这么简单，它对人类社会的方方面面都产生了广泛而深远的影响。

◎●◎ 严重冲击经济发展

全球变暖，海洋承担了升温的大部分后果，除海平面升高以外，水汽增加引发大气层内能量释放，这些过程会带来更多的降水、更强的飓风，也可能导致极端的旱灾和寒冷。仅以2022年为例，澳大利亚新南威尔士州遭遇50年一遇的大洪灾；蒙古国连续遭遇强沙尘暴和暴风雪；北美洲多个国家遭遇强风暴雨以及龙卷风天气；巴西东北部持续强降雨，导致山体泥石流滑坡；东非多国连续四个季度无雨，使埃塞俄比亚、肯尼亚和索马里陷入了40年不遇的干旱。

气候变化导致的各种灾害重创当地经济系统。例如，2021年2月，美国得克萨斯州寒潮致使当地最大的电力公司布拉索斯电力合作公司破产，欠债高达18亿美元。2022年11月，世界气象组织发布的《2022年全球气候状况》临时报告显示，近年来，温室气体浓度不断上升，热量不断累积，在过去30年里，海平面升速已翻了一番，这对数百万沿海居民和地势低洼国家来说是一个长期而重大的威胁。欧洲环境署2022年发布的一份报告显示，过去40年，风暴、热浪和洪水等极端天气事件给欧洲国家造成的损失近5100欧元，其中3%的灾害造成的经济损失占比达60%。非洲联盟委员会表示，如不采取应对气候变化的措施，到2030年，非洲将有多达1.18亿极端贫困人口面临干旱、洪水和极端高温的风险。

气候变化也是粮食减产的主要原因。农业是受气候变化影响最大的领域，全球气候变化会使气温和降雨形态迅速发生变化，许多地区的农作物无法适应或不能很快适应气候的变化而导致减产。比如，2013年，我国河南等地冬小麦生长期间遭遇冻害、干热风和强降雨大风天气，导致小麦品质下降；2022年，孟加拉国大部分地区遭暴雨袭击，洪涝灾害破坏了至少近30万吨稻米。数据显示，1961年以来的气候变化，已经使全球农业生产力下降了21%。

◎●◎“气候难民”痛失家园

“气候难民”是指因气候异常变化导致生存受到威胁，被迫离开本国国土的难民群体。近年来，成千上万的人因为干旱等极端天气逃离危地马拉、洪都拉斯等中美洲国家；在孟加拉国，每年都有数十万人在猛烈的季风和洪水中失去家园；在西非的萨赫勒地区，由于极端干旱、严重饥荒，人们不得不踏上迁徙之旅；在加勒比地区，超强飓风吹垮成片的房屋，人们频繁地寻找落脚地……

世界银行在2021年的报告中警告，气候变化导致的难

■ 因气候变化，为了不离开家园，孟加拉国的人民在河岸边放置土工袋防止河流侵蚀

民潮一年比一年猛烈，2020年，全球产生3070万“气候难民”，是纠纷所造成的难民规模的3倍，到2050年，最多将带来2亿1600万“气候难民”，这不仅是发展中国家的灾难，也将给发达国家带来严重的人口治安压力。

图瓦卢，一个位于澳大利亚和夏威夷之间的岛国，陆地面积仅有26平方千米，由于地势低洼，最高点海拔不超过5米，全球气候变暖造成海平面上升，海水入侵图瓦卢导致土壤盐碱化，粮食和蔬菜无法生长。同时，海水升温使珊瑚礁萎缩死亡，失去天然屏障的海岛经常遭受着风暴海潮的袭击，严重威胁着国民的生存。2001年11月，图瓦卢领导人宣

图瓦卢富纳富提，在机场跑道附近，海平面上升会在涨潮时引发洪水。图中当地居民正在穿过被洪水淹没的街道

布他们对抗海平面上升的努力已宣告失败，全国1.1万民众不得不放弃自己的家园，举国搬迁至新西兰。专家预计，50年之后，图瓦卢大部分国土将彻底淹没在海水之下，将成为全球首个被海水吞没的国家。

◎●◎ 影响人们身心健康

大家都知道，在夏天菜容易变馊是因为气温太高，这有助于各种细菌的繁殖。同样的道理，全球变暖、气温升高会增加疟疾、黑热病、登革热等传染病的发病率。温室效应还会导致空气污染严重，增加人们患哮喘、过敏、脑卒中等疾病的风险。

更严重的是，那些掩埋在冰川中的远古病原菌，会随着冰川的融化而复活，将成为威胁人类生存的致命病毒，这并非危言耸听。2016年，俄罗斯西伯利亚地区曾出现过一场大规模炭疽感染，科学家们在进行溯源后发现，炭疽杆菌竟是来自北极永久冻土层融化而出现的2300具腐烂的麋鹿尸体。如今，北极地区的气温升高让越来越多保存完好的动物尸体开始“浮出水面”，比如已灭绝近万年的猛犸象的尸体、死于2.8万年前且保存完好的狮子幼崽尸体等，封存在这些尸体中上万年甚至几十万年的远古细菌，人类可能闻所未闻，一旦被感染，可能无药可救，最终导致全球范围的大流行病。

气候变化还会诱发心理疾病。气温升高使人们失眠天数增多，导致认知能力下降，特别是记忆巩固方面的能力下降，更易患上抑郁症等精神疾病。

采取应对气候变化的行动迫在眉睫。我们应该从绿色出行、夏天空调调高1℃等生活细节做起，践行低碳生活方式，为减少温室气体排放、应对全球气候变暖做出力所能及的贡献。

02 北京冬奥会兑现“碳中和”承诺

同学们听说过“碳中和”吗？这可是近两年的流行词哦！那么，什么是碳中和呢？

“碳”指的是“二氧化碳”，“中和”指的是“抵消”。

碳中和是指国家、企业、产品、活动或个人在一定时间内直接或间接产生的二氧化碳或温室气体排放总量，通过植树造林、节能减排等方式，以抵消自身产生的二氧化碳或温室气体排放量，实现正负抵消，达到相对“零排放”。北京冬奥会是历史上第一个“碳中和”冬奥会，为人类留下了宝贵的可持续性奥运遗产。

奥运会是全球瞩目的体育盛会，也是主办国向国际社会树立国家形象的最佳机会。面对气候变化这个人类共同的挑战，很多国家的大型赛事都提出要争取实现“碳中和”，比如2021年的东京奥运会也提出了“碳中和”，但是并没有实现“零排放”的目标。2022年的北京冬奥会，圆满兑现实现“碳中和”的承诺，成为迄今为止第一个“碳中和”的奥运会。北京冬奥会究竟是如何实现“碳中和”的呢？

◎●◎ 史上最小的奥运主火炬

火炬传递，一直以来都是历届奥运会开幕式的关键一环，集万千瞩目于一身。古代奥运会上，人们点燃火种以纪念希腊神话中为人类盗取火种的普罗米修斯。现代奥运会于1928年首次引入火种，并从1936年柏林奥运会开始进行火种传递。自此，奥运会开幕式上必须有“火”，几乎像定理一样不可改变。

在北京冬奥会开幕式上，所有人都在期待最后一棒火炬手点燃主火炬这一激动人心的时刻。可出人意料的是，最后一棒没有点火，传递过来的最后一个火炬就是主火炬。这个主火炬很小，火炬手可以轻轻地举起传递，小到可以放在小箱子里面，在巨大的奥运开幕式会场，显得更加渺小，在会场稍远处，如果不用望远镜，便难以看到它的存在。

北京冬奥会既没有给人以视觉震撼的点火，也没有熊熊燃烧的大火。往届奥运会的主火炬燃料多以烷烃为主，2008年北京夏季奥运会的主火炬就是用天然气点燃，该火炬一小时可以消耗5000立方米燃气，排放大量的二氧化碳。熊熊燃烧十几天甚至更久的圣火固然是奥运精神的体现，但站在低碳角度，这无疑不是绿色的选择。北京冬奥会首次使用氢能作为火炬燃料，氢气被认为是最为清洁环保的燃料，其燃烧产物只产生能量和水，是完全零排放的燃料。

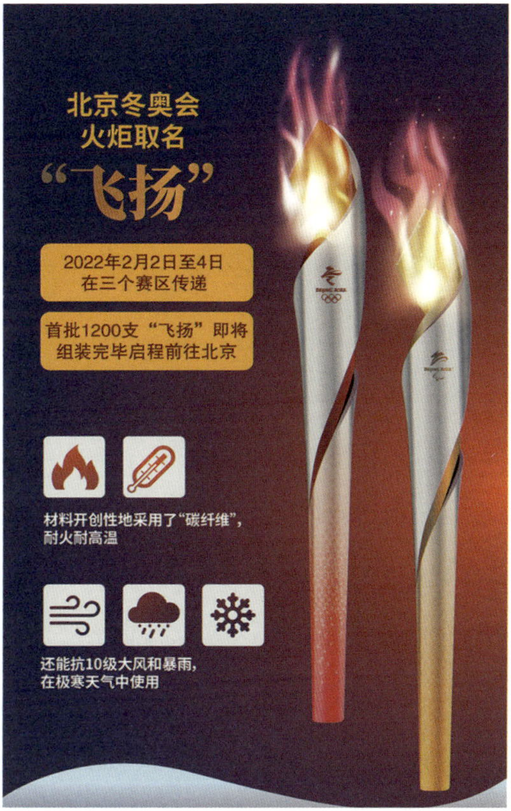

北京冬奥会火炬示意图

以“不点火”代替“点燃”，以“微火”取代熊熊燃烧的大火，以氢能火炬代替普通火炬，向世界精准地传达了低碳环保的理念，体现了中国“绿色办奥”的决心。

◎●◎“冰丝带”里的“黑科技”

坐落于北京市朝阳区的国家速滑馆，是本届冬奥会唯一新建的冰上竞赛场馆，其外墙由22条丝带状曲面玻璃幕墙环绕，因此又被称为“冰丝带”。在这次冰雪盛会上，国家速滑馆一直以“高科技”的形象出现。可能很多人并不理解，不就是“结冰”吗？有啥稀奇？

“绿色制冰”这件事里的科技含量并不少。以往的冬奥会都是使用氟利昂来制冰造雪，但氟利昂会破坏臭氧层，产生温室效应，对环境造成极大破坏，使用一吨氟利昂，相当于使用3980多吨的二氧化碳，也就是相当于300多万度电的碳排放量。北京冬奥会冰上场馆则选用了二氧化碳跨临界制冷系统这项“黑科技”，具体做法就是将气态的二氧化碳通过加压膨胀后成为液态，直接进入冰面下，以蒸发吸热的方式进行制冰。这不仅无污染、零排放，而且还能把能效提升30%，过程中产生的余热，还被回收，用来给运动员供暖

国家速滑馆，其外观仿佛一条“冰丝带”

等。仅国家速滑馆，每年就能省下200万度电。

更重要的是，采用二氧化碳跨临界直冷制冰技术，将冰面温差控制在0.5℃以内，远低于国际滑冰联盟规定的冰面温差不超过1.5℃的标准。温差越小，冰面的硬度就越均匀，冰面便越平整，越有利于出成绩，无论运动员滑到第几圈，冰的品质都一样好。在这次冬奥会上，多位运动员屡次滑出个人历史最好成绩，他们把“冰丝带”赛道称为“最快冰面”。

◎●◎ 多途径的碳抵消

为了实现“碳中和”，北京冬奥会详细列出了有可能排放二氧化碳的200多种排放源：奥组委日常办公中的纸张、墨盒、电脑等办公用品不容忽视；运动员的饮食中，不仅食物和饮料的碳排放分开核算，连它们的包装也要分开统计；“一墩难求”的冰墩墩、雪容融等特许商品有织物、纸质、金属、塑料等不同材质，每一项都是独立核算的排放源；观赛发放的小旗帜，也分为国旗和会旗两项排放源。然后，对这些排放源逐一采取了针对性的零排放举措，过程极其烦琐复杂。可见，北京冬奥会为实现“碳中和”也是拼了！

虽然北京冬奥会在许多方面的措施都颇具成效，但有一些排放，例如来自运动员航空旅行的排放仍然无法完全

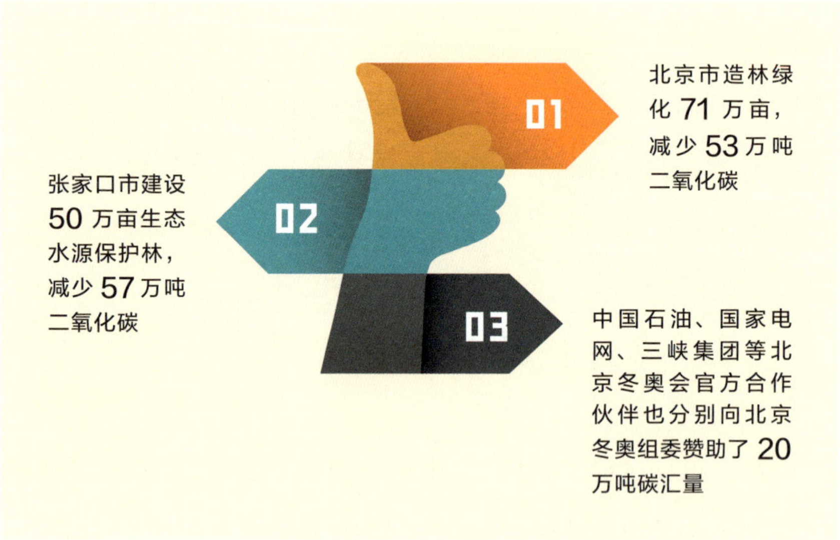

北京冬奥会采取的碳抵消措施

避免。为了抵消这些影响，北京冬奥会也采取了多项碳抵消措施。

北京冬奥会践行“绿色办奥”的成果得到国际社会的充分肯定。国际奥委会北京冬奥会协调委员会主席小萨马兰奇在接受采访时认为：“北京冬奥会是‘最绿色’的奥运会。”国际奥委会品牌和可持续发展总监玛丽·萨鲁瓦说：“全世界都在努力适应气候变化带来的影响，低碳环保对于奥林匹克的未来非常重要。北京冬奥会碳排放全部中和，成为‘奥运遗产可持续发展’的助推器，将为全球带来示范效应。”

03 >>> 库布齐：向世界提供荒漠化防治的“中国方案”

荒漠化被称为“地球的癌症”，是全球生态领域的难点问题。我国库布齐作为世界唯一被整体治理的沙漠，在全球荒漠化治理中树起了一座丰碑。今天，库布齐沙漠治理模式已走向世界，为全球生态文明建设贡献着中国智慧和中国方案，成为我国一张亮丽的“绿色名片”。

◎●◎ 从寸草不生到沙漠绿洲

库布齐沙漠位于内蒙古自治区境内，总面积1.61万平方千米，被称为“悬在首都头上的一壶沙”。40年前的库布齐沙漠，寸草不生，风卷黄沙漫天狂舞，连年累月沙进人退，连飞鸟都望而止步，历史上水草丰美的宝地退化为“死亡之海”。农牧民在沙漠里靠着一点沙生植物艰辛游牧，生活极端贫困。

20世纪80年代以来，沙区群众在当地企业带领下，开始治理荒漠化。党的十八大以来，国家在发展沙产业、生态移民、禁牧休牧、生态基础设施建设方面给予当地企业和牧民直接支持，推动库布齐沙漠治理取得突破性成就，如亿利集团治沙30年共取得了343项科技创新成果，其中290多项是党的十八大之后取得的。

库布齐是中国第七大沙漠，曾是京津冀地区三大风沙源之一。目前，库布齐作为世界上唯一被整体治理的沙漠，不仅生态资源逐步增长，区域生态明显改善，而且走出了一条经济和生态融合的产业发展之路，成功创建了沙区经济发展模式。库布齐治沙模式被写入联合国决议，成为推动全球防治荒漠化、应对气候变化、改善生物多样性的绿色样本。

在治沙历程中，库布齐人敢于走前人没走过的路，敢于创新，用一系列神奇的“黑科技”，极大提高了治沙效率。大家见过微创植树法吗？两名治沙人员，一人手持1米多长的自制加压水气枪，在沙地上冲出一个深约1米、直径5厘米左右的栽植孔洞；另一人将沙柳苗插入孔中，再用水气枪给苗浇水。若用传统方法，在沙漠挖坑、插条、填土、踩实，种1棵树至少要10分钟，用微创植树法种树就像给沙漠做微创手术一样，十几秒就能种下1棵沙柳，不仅成活率很高，而且还减少了对沙土的扰动。

再比如，甘草是一种很常见的药用植物，同时也是治沙先锋植物，其根部的根瘤菌有固氮作用，能够增加土壤肥力。亿利集团创新思路，让甘草“躺着长”，较原来竖着长，绿化沙漠的面积能从0.1平方米提高到1平方米，由此实现了沙漠治理面积的十倍增长。

如今，经过30多年的科学治理，库布齐沙漠由原来的

“不毛之地”变成6000多平方千米的沙漠绿洲，相当于上海市的总面积。库布齐沙尘天气明显减少，由1988年的50多次减少到2016年的1次，降雨量由不足100毫米增长到400多毫米，生物多样性增长到530多种，出现了天鹅、野兔、胡杨等100多种绝迹多年的野生动植物。

◎●◎ 沙漠经济破解发展难题

库布齐沙漠日照充足，年平均日照时间在3100小时以

■ 网格状的沙柳在库布齐沙漠上起到固沙的作用

上，年平均气温在7℃左右，平均无霜期149天，非常适合发展光伏产业。光伏板能够有效挡风防风，阻止沙尘飞扬，还能吸收光照，降低土地温度，减少土壤水分蒸发，增加土壤水分含量。现在，走进库布齐沙漠，远远望去，一边是一片片绿色满盈的沙丘，一边是一排排蓝色的光伏板，壮观的景象让游客们惊叹不已。

当地农牧民把光伏板搬到了自己家的屋顶上，通过自

发自用、余电上网的模式，不仅免费用上清洁电源，还通过屋顶租赁方式实现稳定增收。村民家里就像装上了“绿电银行”，每户每年可增收1500元。此外，这里的光伏板不仅可以发电，还可以在板间种植甘草、半日花等沙漠经济作物，还能在板下养殖绵羊、獭兔等，一片土地得到三重利用。

库布齐依托沙漠绿洲，打造了一个世界级的沙漠生态旅

库布齐沙漠七星湖生态区

游度假胜地——七星湖沙漠旅游区。七个湖泊排列似北斗七星，故名七星湖，因此也有了“天上北斗星，地上七星湖”一说。七星湖好似明珠般镶嵌在苍茫的库布齐沙漠之中，水质清澈，水草茂盛，周围被沙山环抱，十分神奇。湖中还栖息了多种鸟类，其中有国家一级保护鸟类遗鸥几千只。这里完整地保存了沙海、沙山、湖泊等自然景观，游客既能爬沙山赏湖景，还能在湖边观赏沙漠中的日落，可以尽情享受大自然所带来的惬意。此外，这里还是观星胜地，这里没有雾霾，没有霓虹的污染，没有都市的喧嚣，在夜晚的沙漠里抬头仰望，便是满天星辰。

◎●◎ 让更多的沙漠变成绿洲

库布齐模式为根治“地球的癌症”开出了“中国良方”，得到了国际社会的高度认可。2017年，库布齐作为中国防沙治沙的成功实践，被写入《联合国防治荒漠化公约》，成为全球防治荒漠化典范，也成为世界观察美丽中国的窗口。

后记

党的十八大以来，以习近平同志为核心的党中央以前所未有的力度开展生态文明建设，美丽中国为世界交出了“绿色答卷”，已经成为全球生态文明建设的重要参与者、贡献者和引领者。

本书精心挑选新时代以来美丽中国建设中“首创”“唯一”“人民关注”“群众点赞”“惊艳全球”的重大事件，以通俗易懂的鲜活语言展现我国推进污染防治攻坚战、科学保护修复自然、维护国家生态安全、引领全球环境治理的生动故事，力求让读者感受到祖国的自然生态之美、绿色发展之美。希望本书对于培育青少年的生态保护意识有所补益，帮助他们提高发现美、欣赏美、体验美及创造美的能力，为建设人与自然和谐共生的现代化贡献青春力量。

本书的写作在北京师范大学王炳林教授的精心组织下进行，冯留建教授做了大量的组织协调等工作，我的硕士研究生范保琳、范超群、许雪靖、孙志飞做了前期的资料搜集工作。大象出版社对丛书的出版给予了大力支持，责任编辑陈灼老师提出了宝贵的修改意见，在此一并表示感谢。

由于时间仓促，作者水平有限，书中难免有挂一漏万之处，欢迎广大读者批评指正。

李　娟

图书在版编目(CIP)数据

美丽的中国 / 李娟编著. — 郑州 : 大象出版社, 2023. 10

(新时代讲给少年听 / 王炳林主编)

ISBN 978-7-5711-1871-6

Ⅰ. ①美… Ⅱ. ①李… Ⅲ. ①爱国主义教育-中国-少年读物 Ⅳ. ①D647-49

中国国家版本馆 CIP 数据核字(2023)第 185042 号

新时代讲给少年听

美丽的中国

MEILI DE ZHONGGUO

王炳林 主编

李 娟 编著

出 版 人 汪林中
丛书顾问 王承哲 闫德亮
策　　划 张桂枝 孟建华
项目统筹 丁子涵
责任编辑 陈 灼
责任校对 倪玉秀
美术编辑 王晶晶
装帧设计 谢俊平

出版发行 大象出版社(郑州市郑东新区祥盛街 27 号 邮政编码 450016)
发行科 0371-63863551 总编室 0371-65597936
网　　址 www.daxiang.cn
印　　刷 河南新华印刷集团有限公司
经　　销 各地新华书店经销
开　　本 890 mm×1240 mm 1/32
印　　张 6.25
字　　数 100 千字
版　　次 2023 年 10 月第 1 版 2023 年 10 月第 1 次印刷
定　　价 28.00 元

若发现印、装质量问题,影响阅读,请与承印厂联系调换。
印厂地址 郑州市经五路 12 号
邮政编码 450002 电话 0371-65957865